DRAWING CHIBI MOBS FOR MINECRAFTERS

JASON MILLER

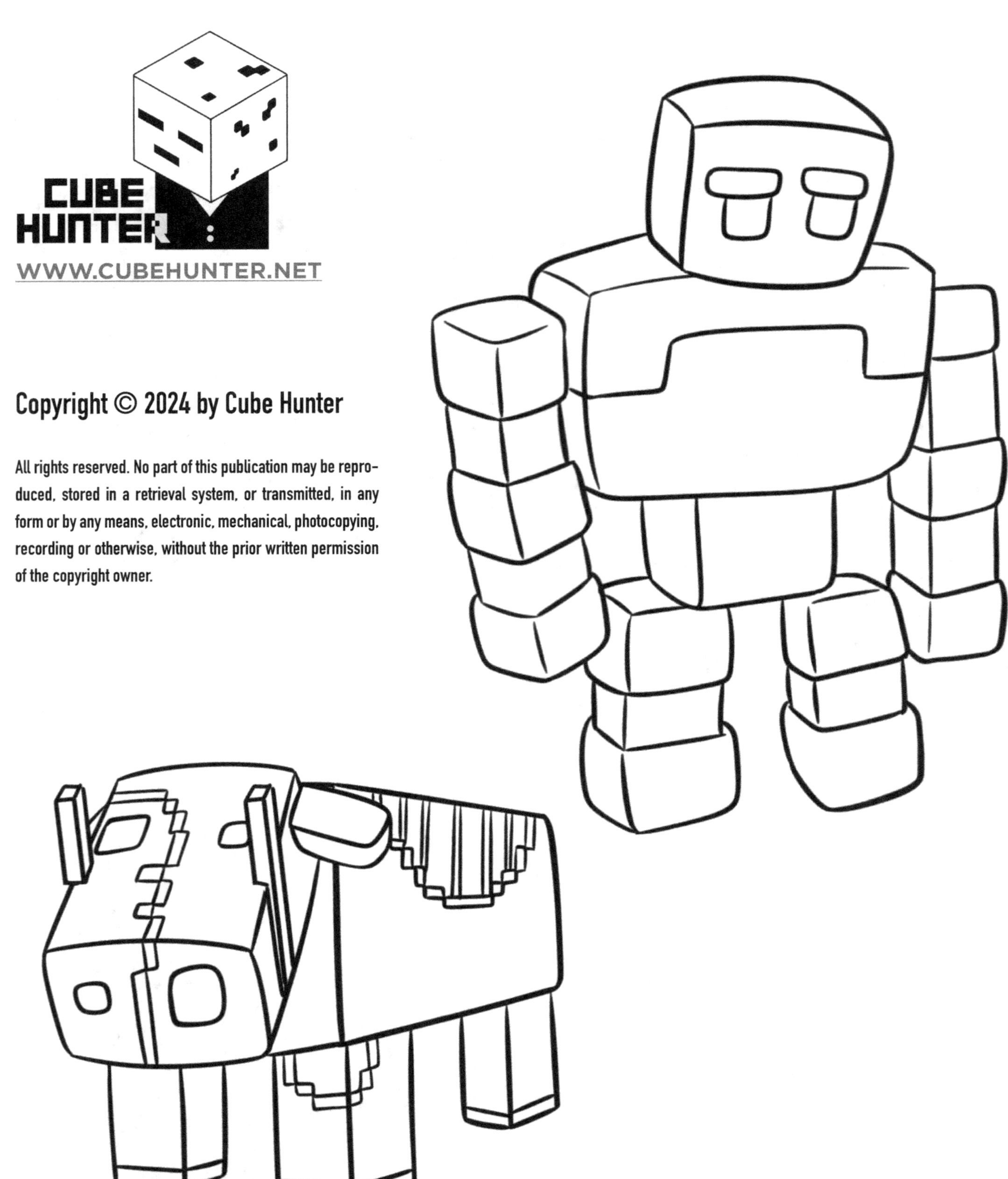

JASON MILLER

READY GO!
This Book Belongs to:

Welcome to the start of the journey where you will learn to draw the world of Minecraft! We will start from the simple most easy forms moving towards more complex characters! Here are presented the few tools you will need to accomplish great results... no worries it is nothing special only things that lay around the house! Yay! Can't wait to start!

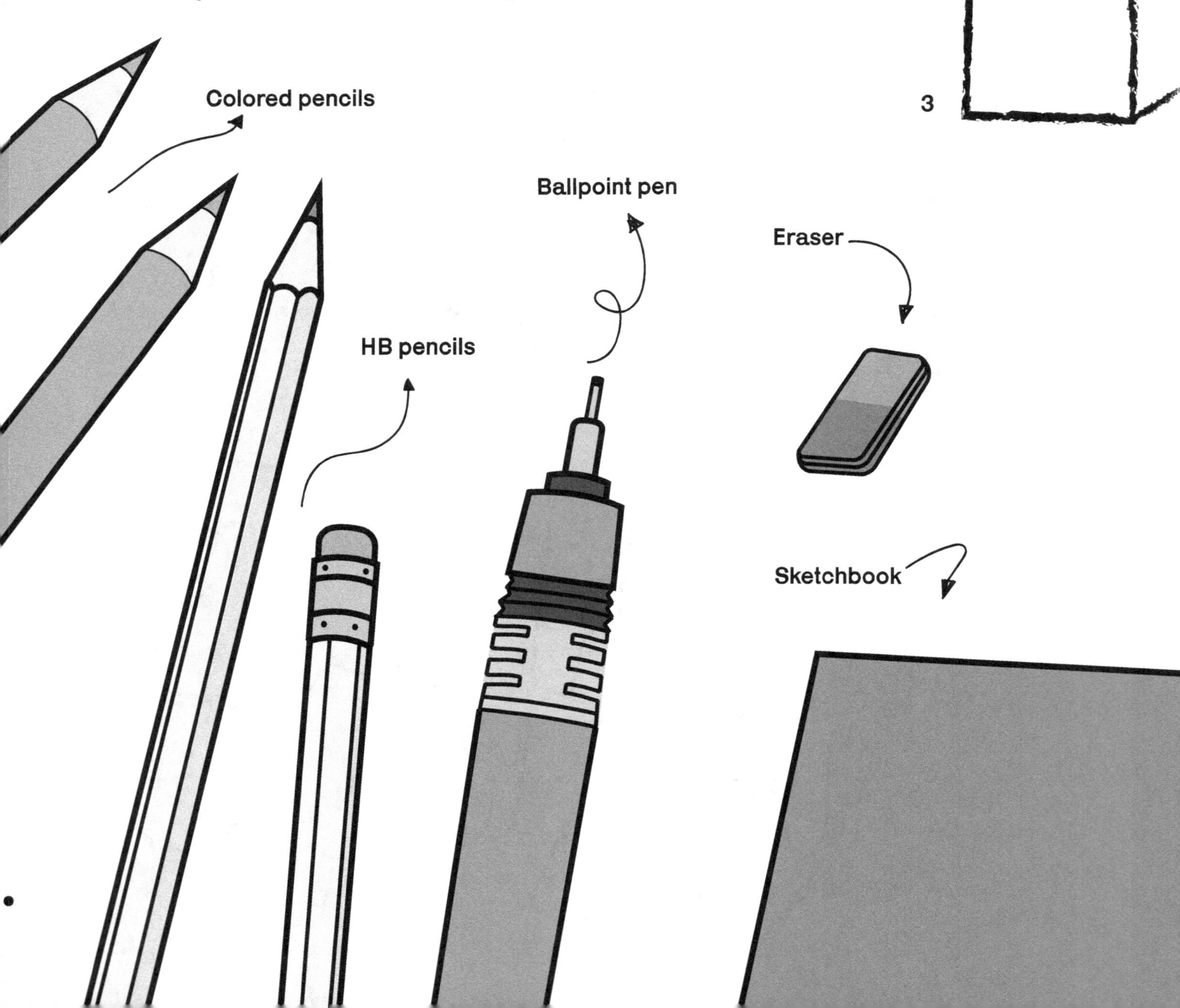

...ILL NEED !

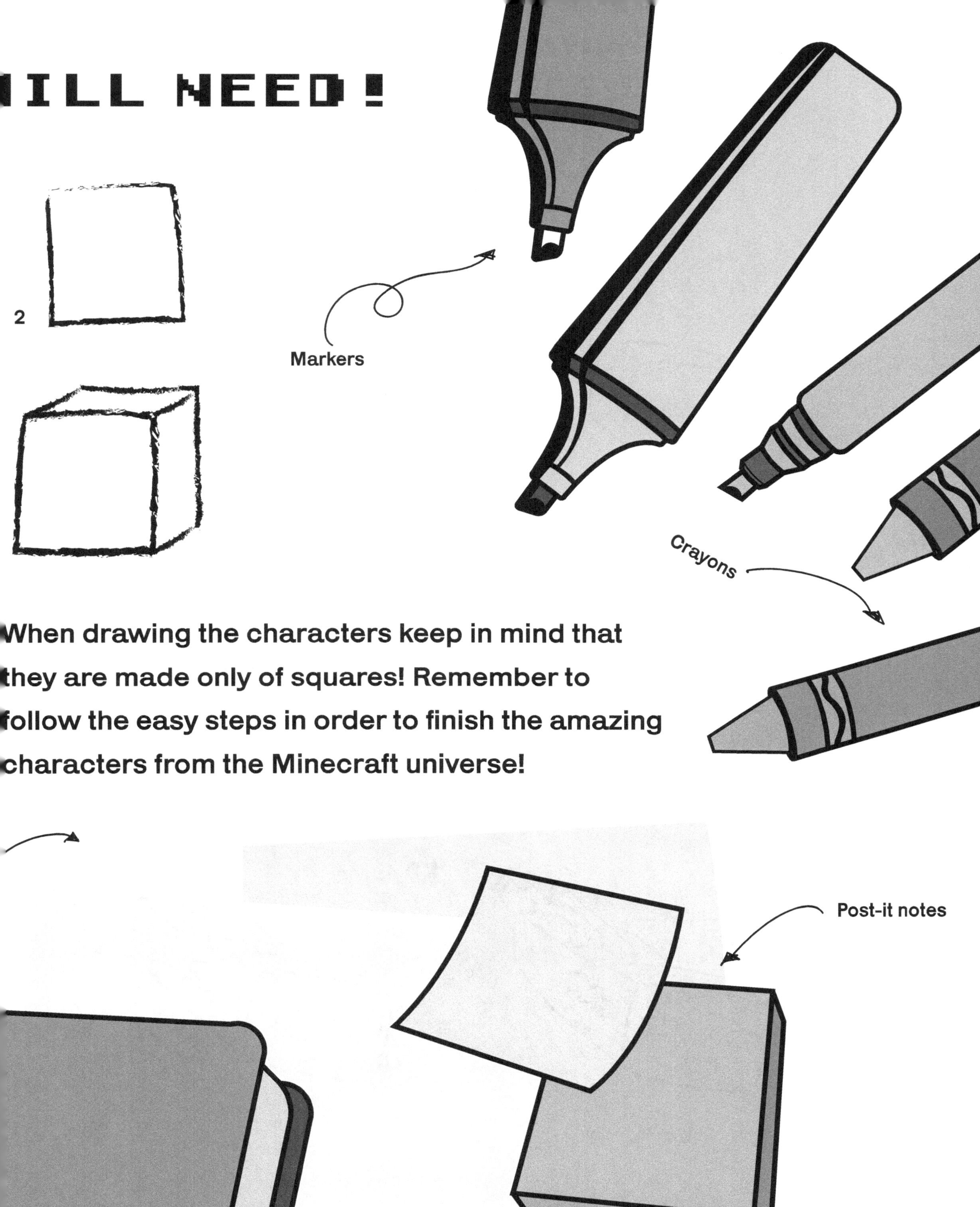

When drawing the characters keep in mind that they are made only of squares! Remember to follow the easy steps in order to finish the amazing characters from the Minecraft universe!

Axolotl

1

2

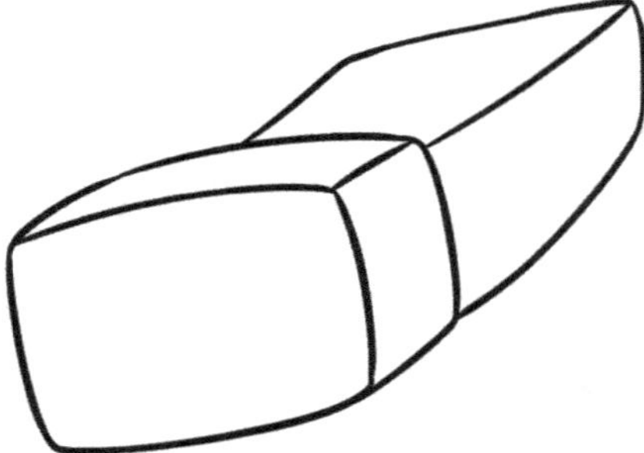

3

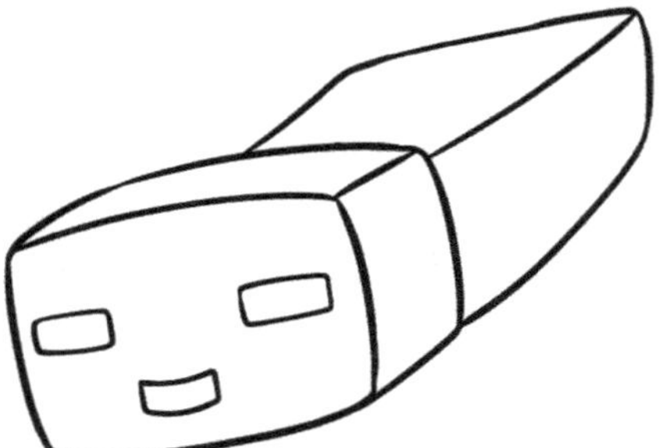

4

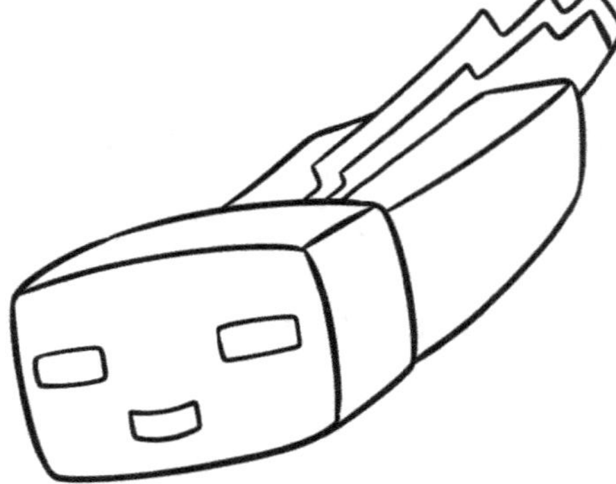

5

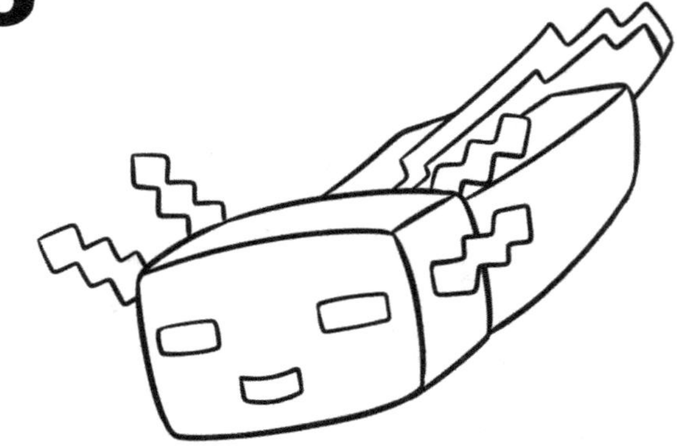

6

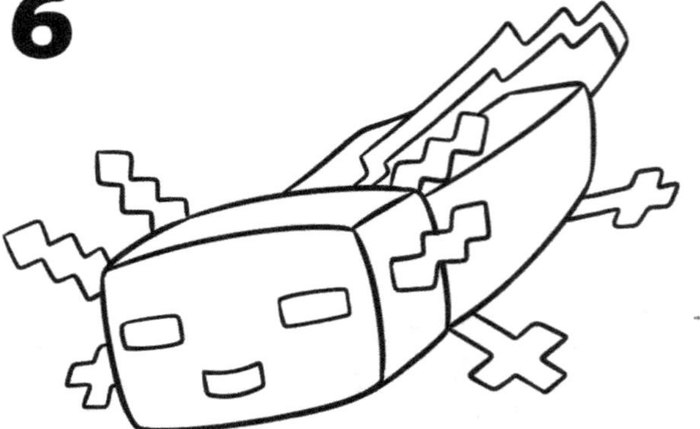

Now, it's your turn

Baby Blaze

1

2

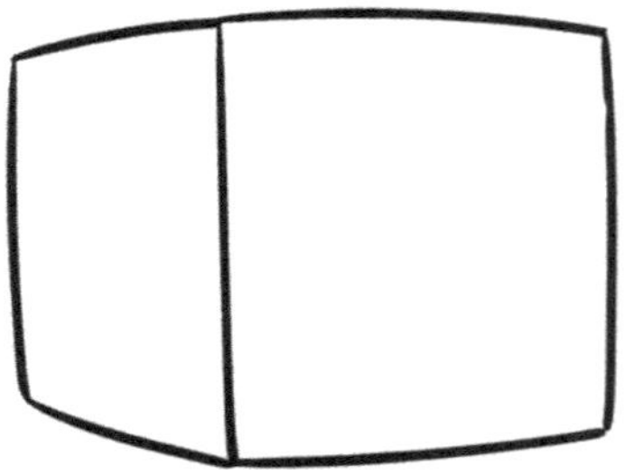

3

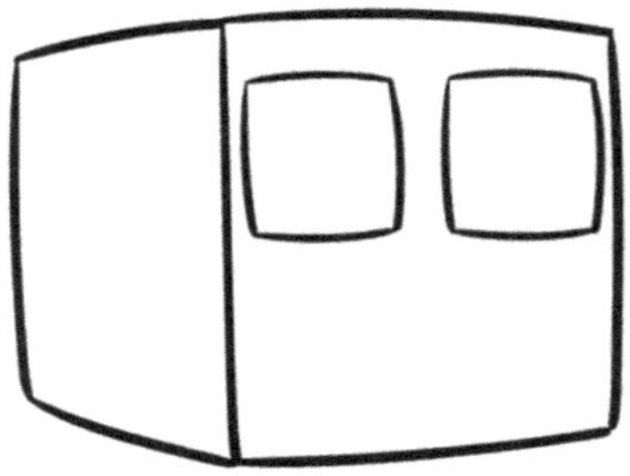

4

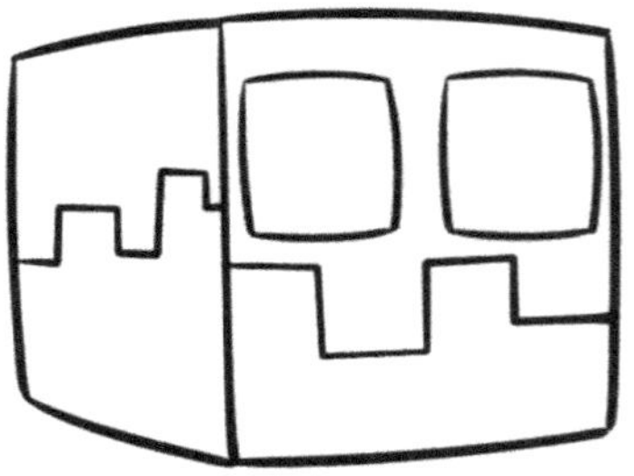

5

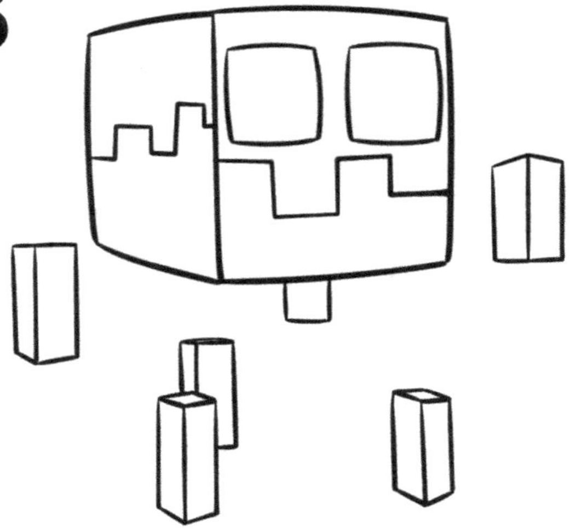

6

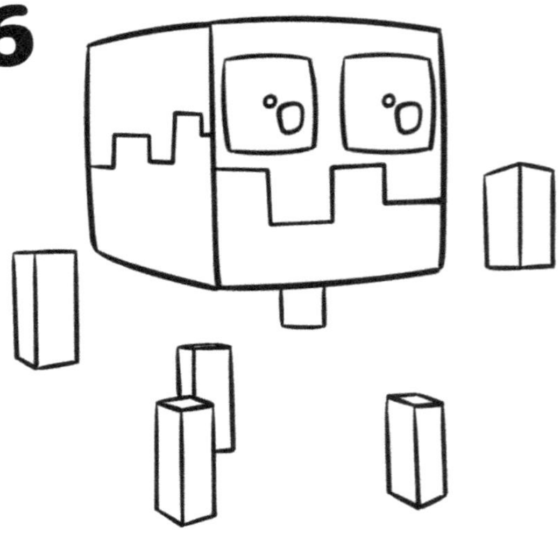

Now, it's your turn

Baby Crepper

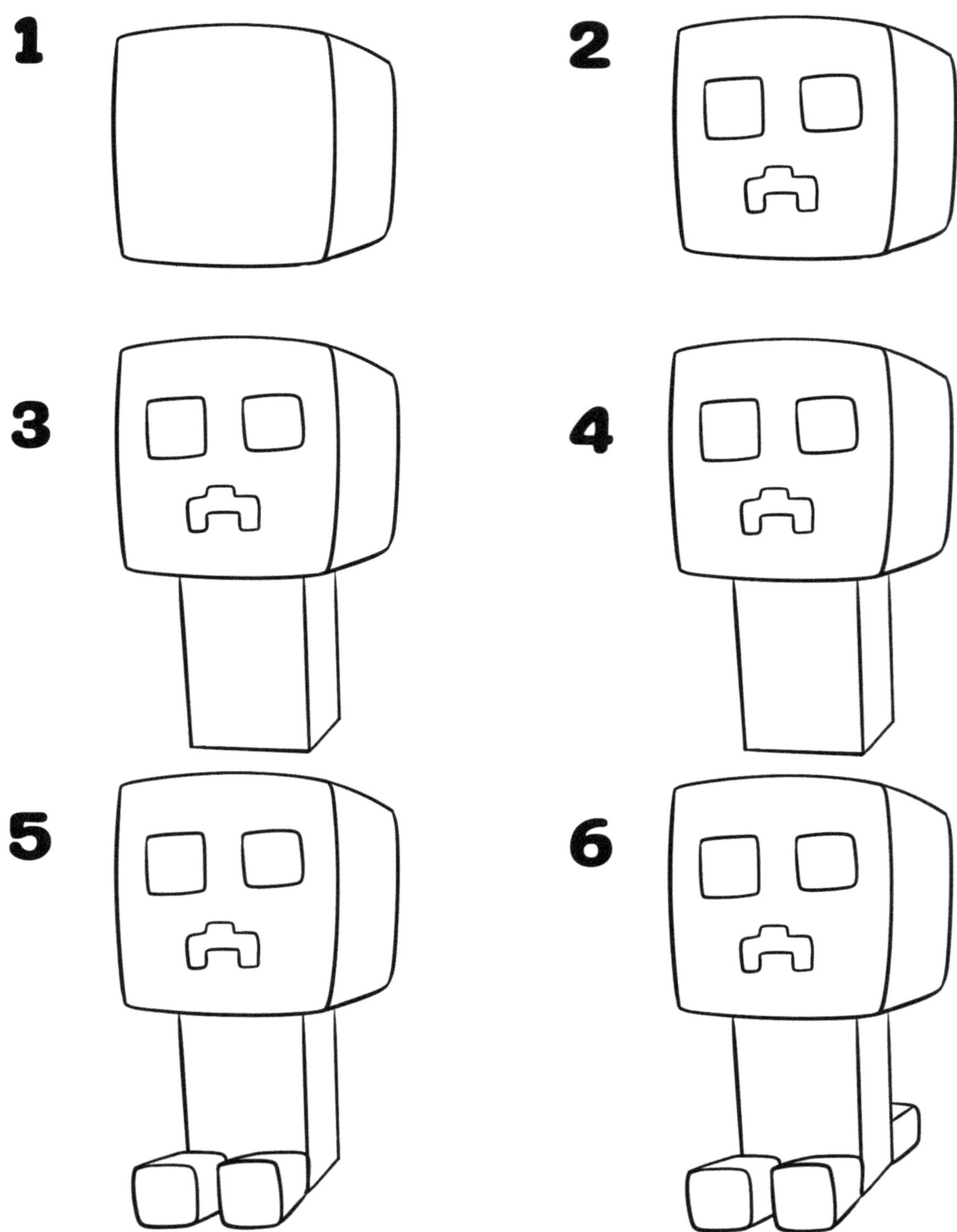

Now, it's your turn

Baby Drowned

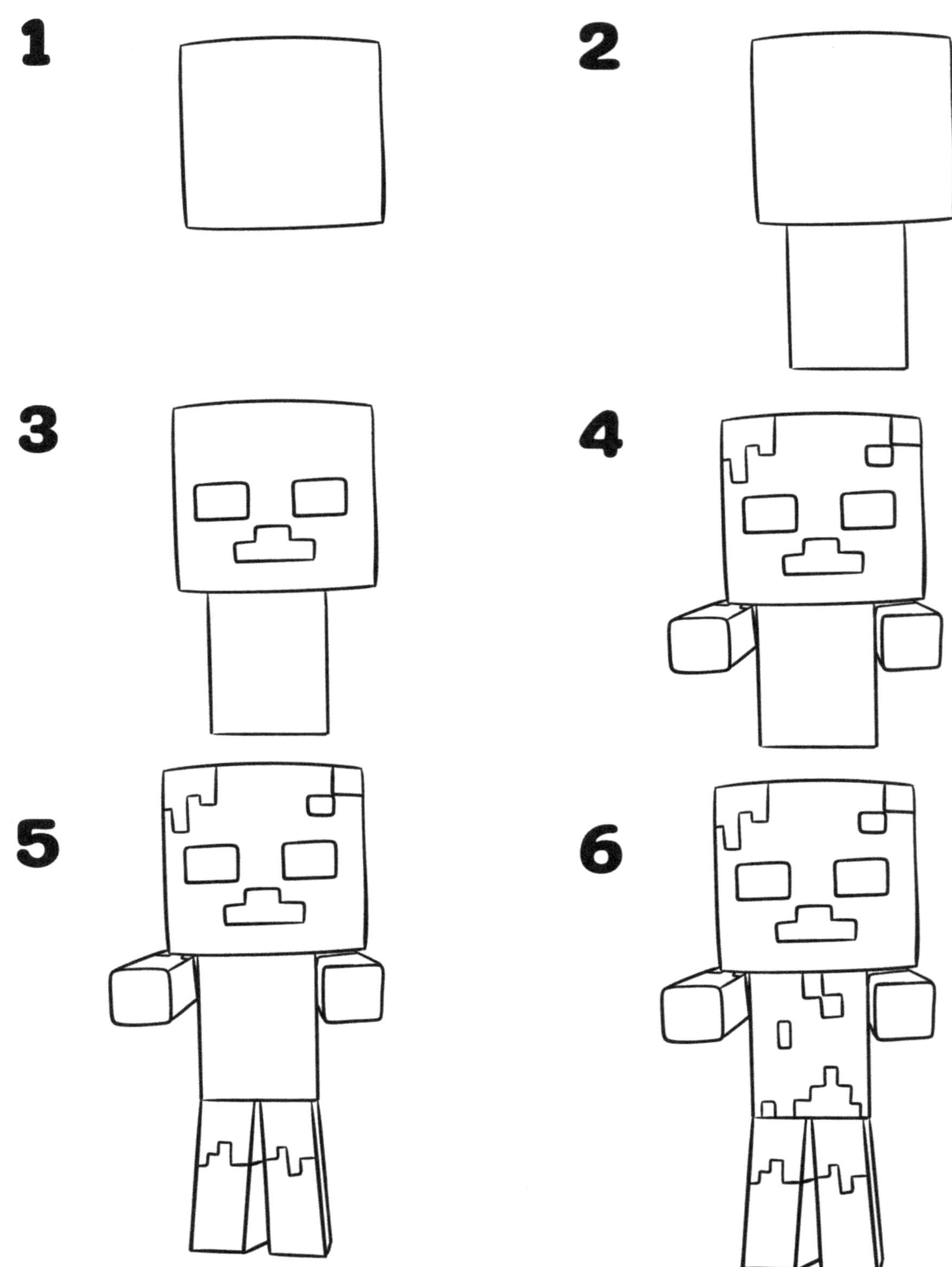

Now, it's your turn

Baby Husk

1

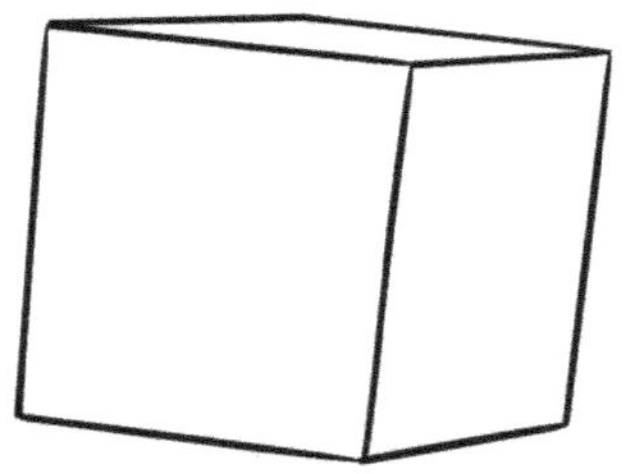

2

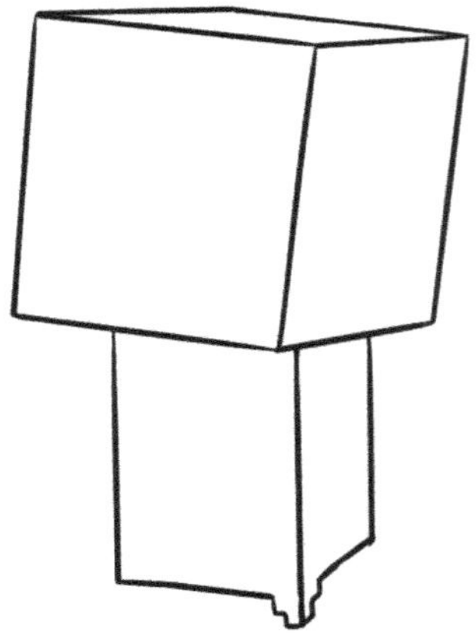

3

4

5

6

Now, it's your turn

Baby Iron Golem

1

2

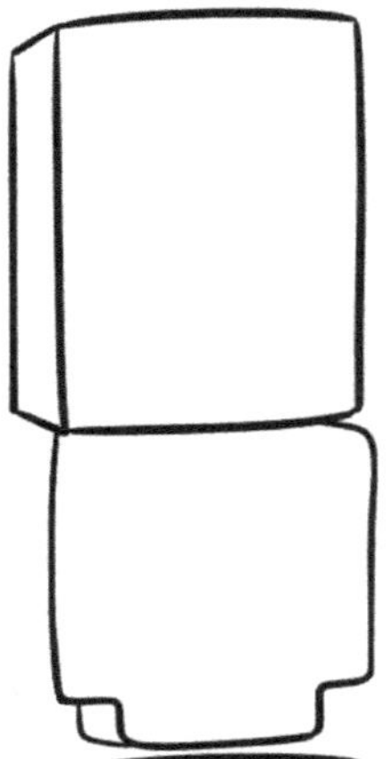

3

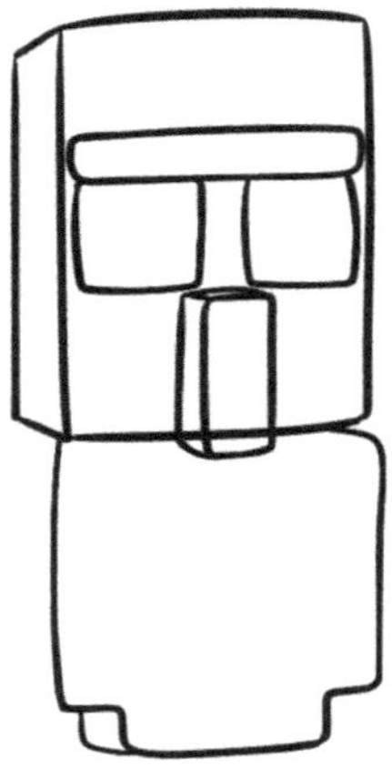

4

5

6

Now, it's your turn

Baby Ocelot

1

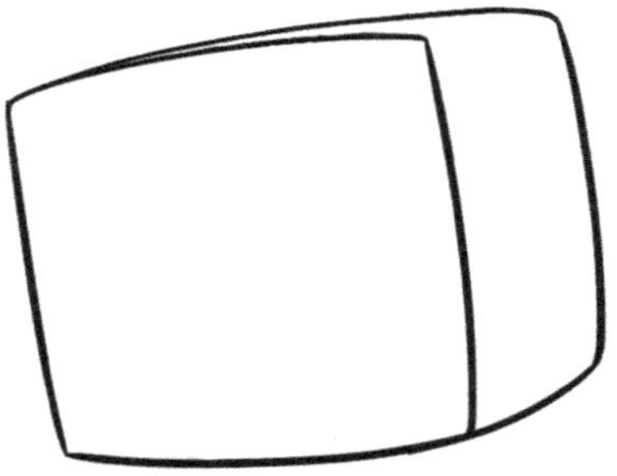

2

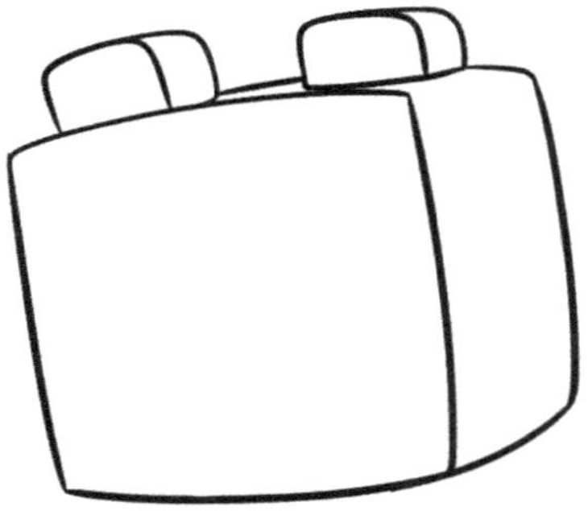

3

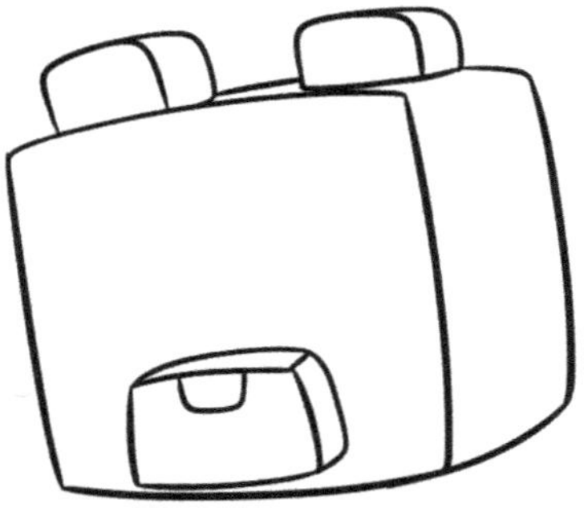

4

5

6

Now, it's your turn

Baby Parrot

1

2

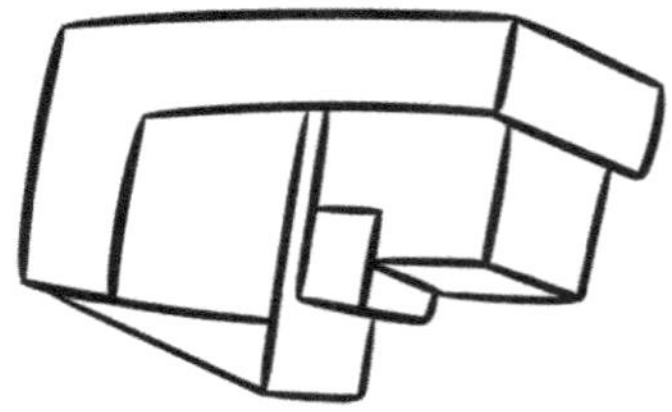

3

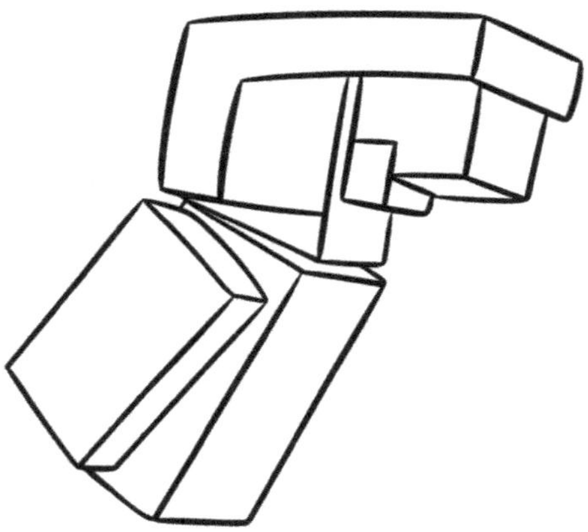

4

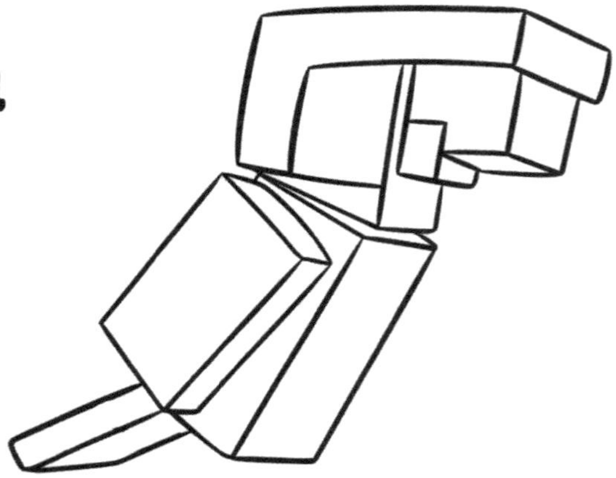

5

6

Now, it's your turn

Baby Phantom

1

2

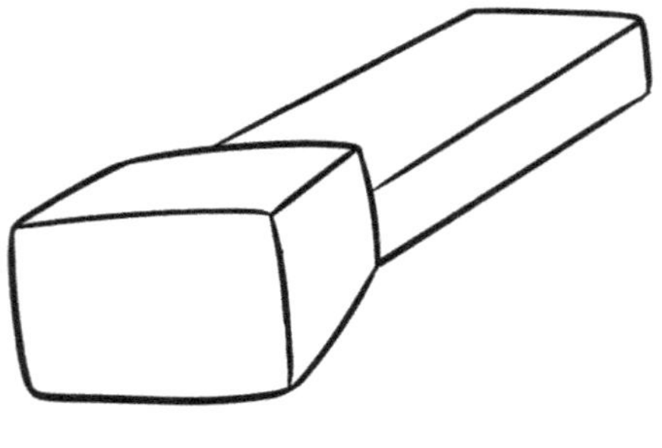

3

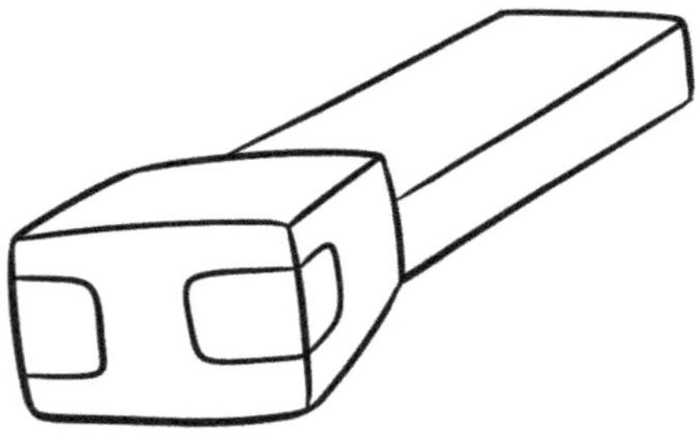

4

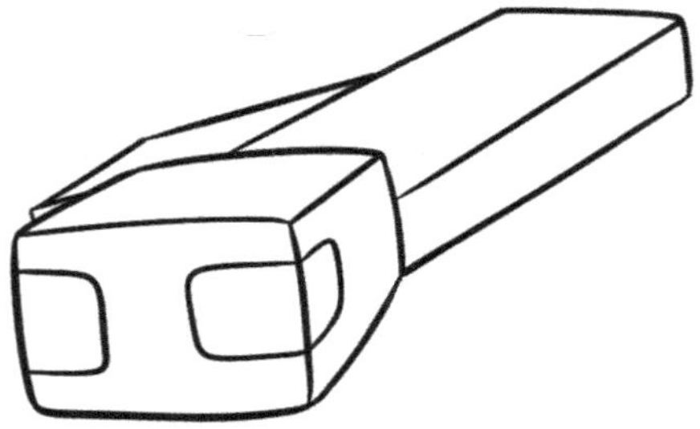

5

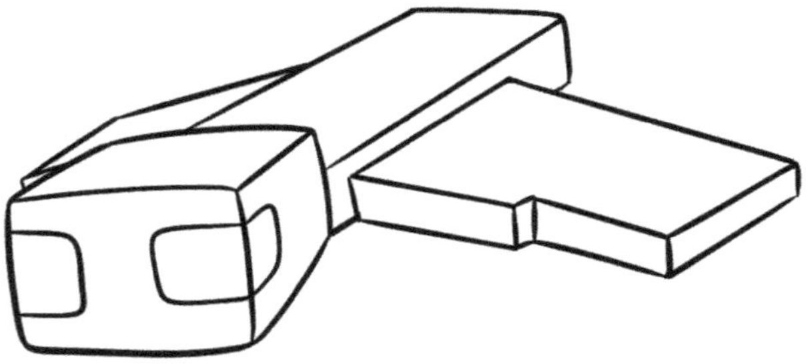

6

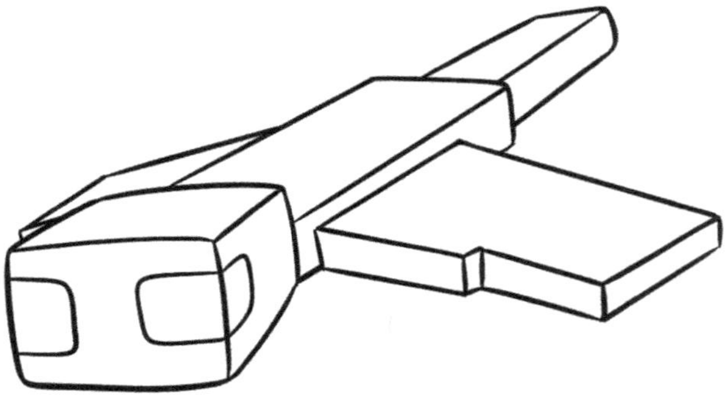

Now, it's your turn

Baby Pig

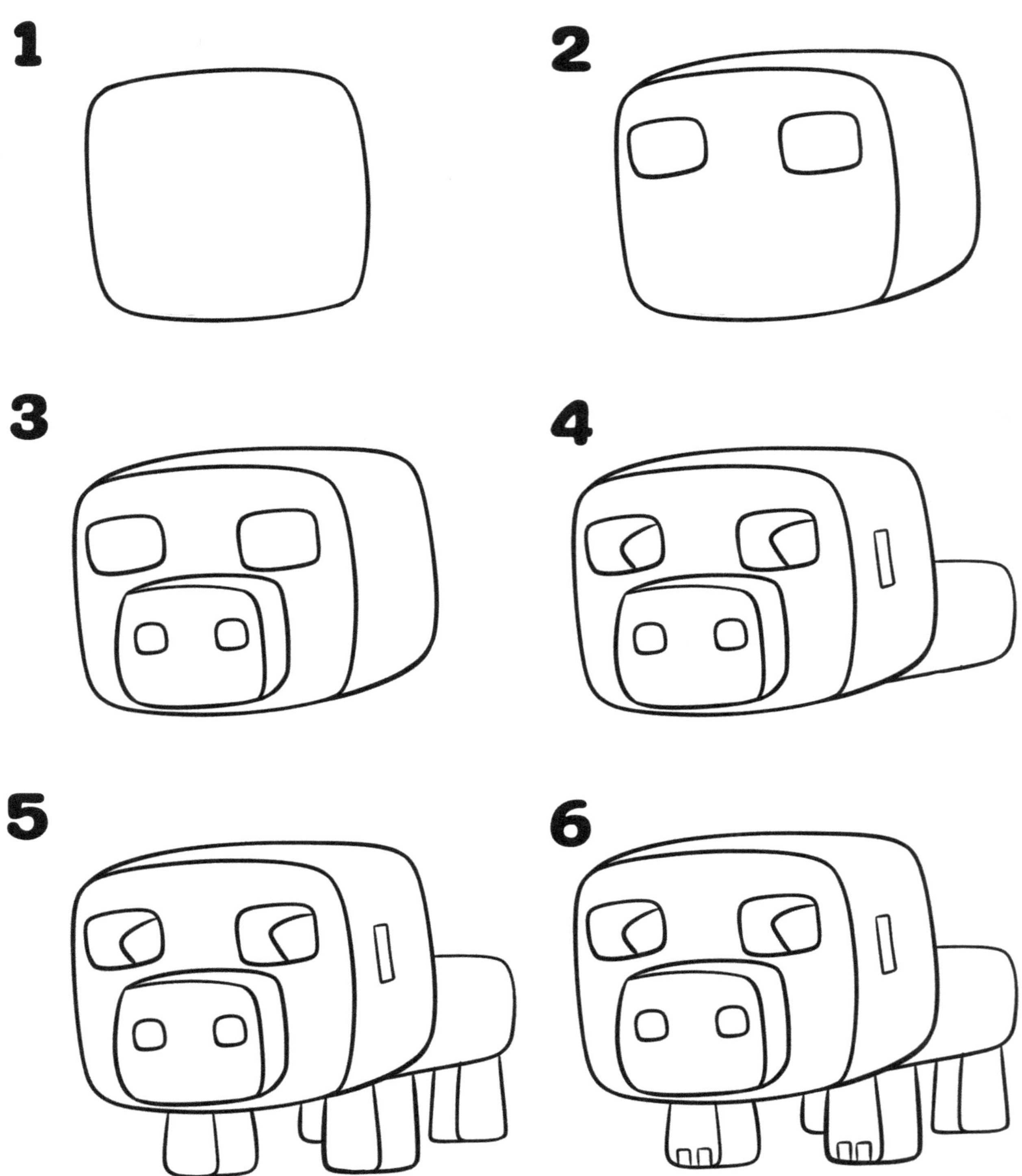

Now, it's your turn

Baby Puffer Fish

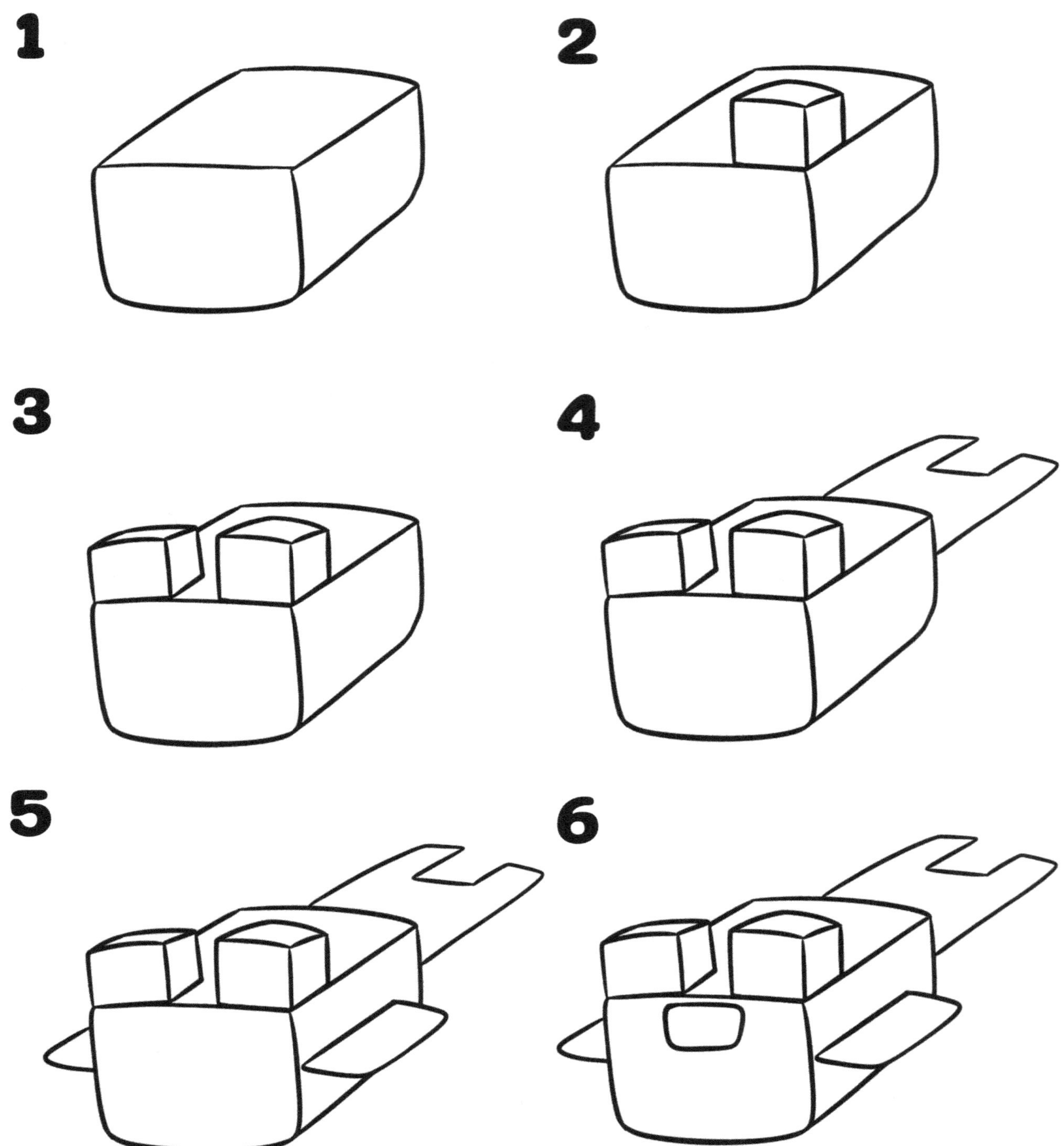

Now, it's your turn

Baby Silverfish

1

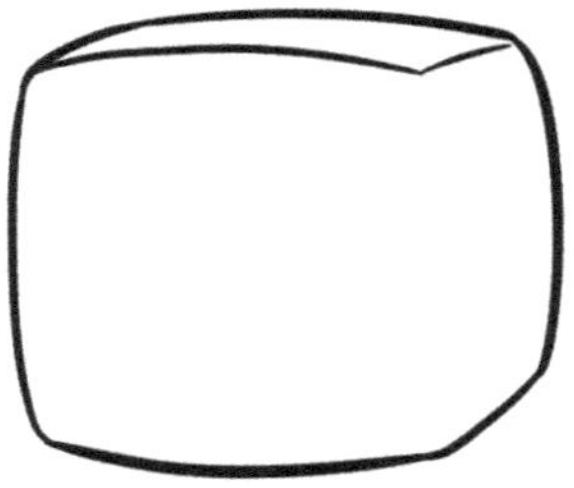

2

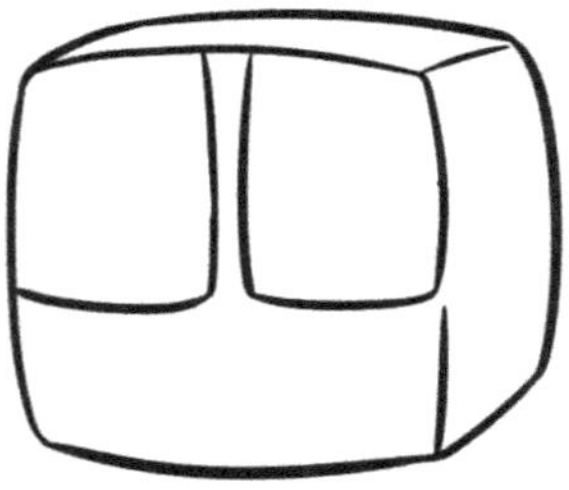

3

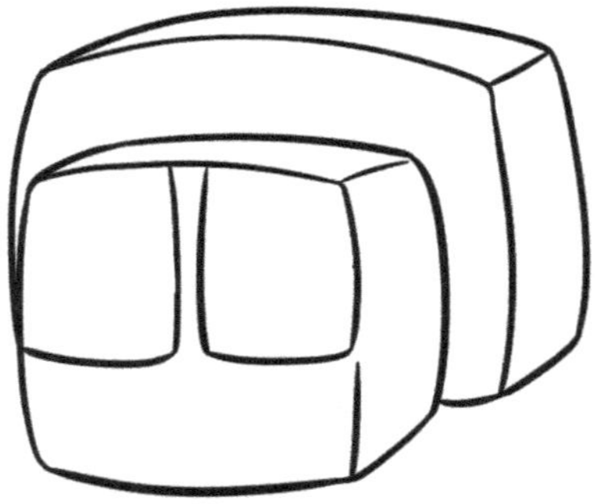

4

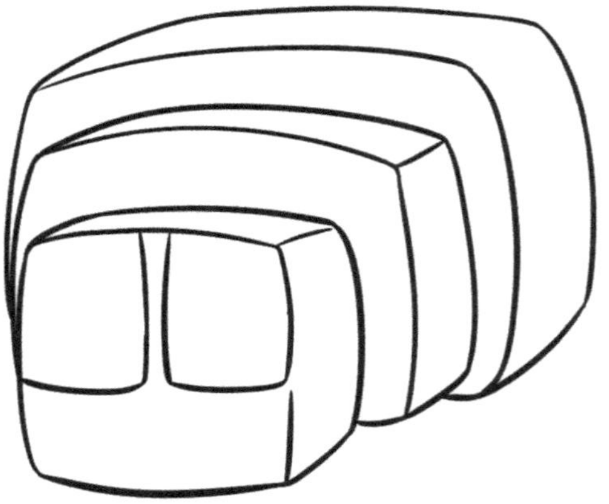

5

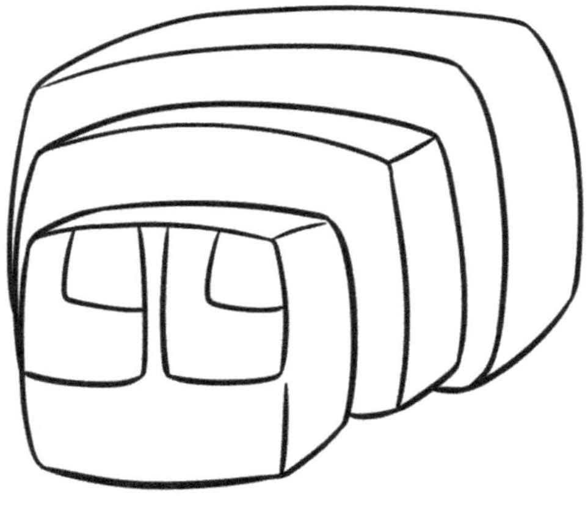

6

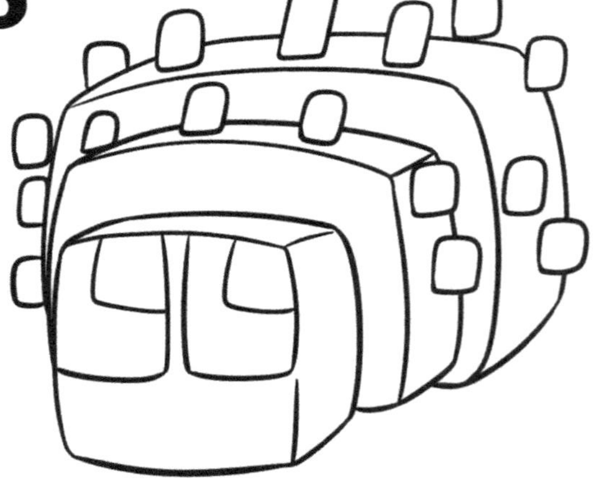

Now, it's your turn

Bee

1

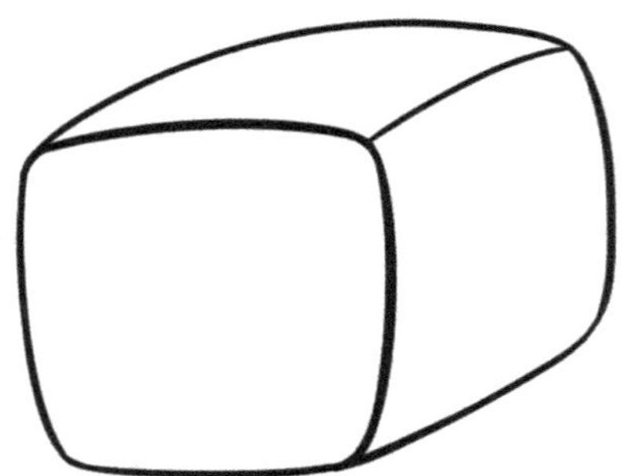

2

3

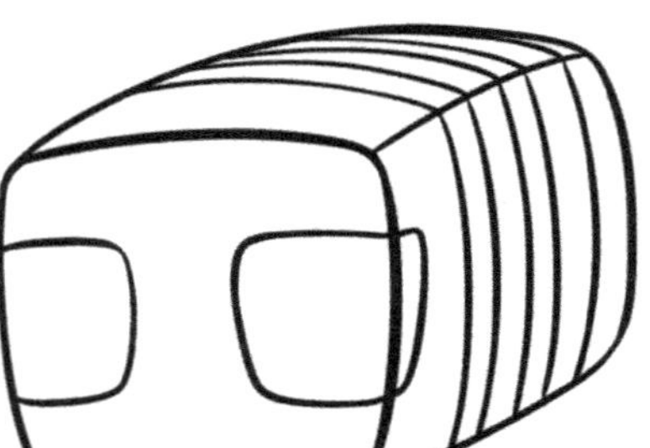

4

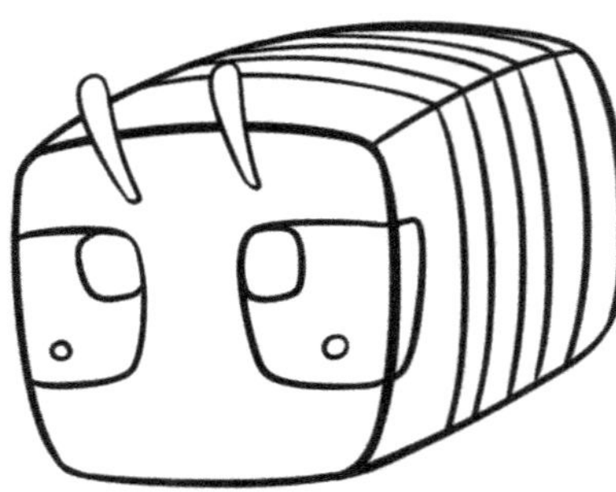

5

6

Now, it's your turn

Camel

1

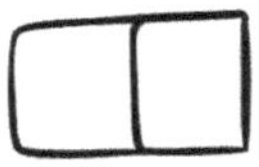

2

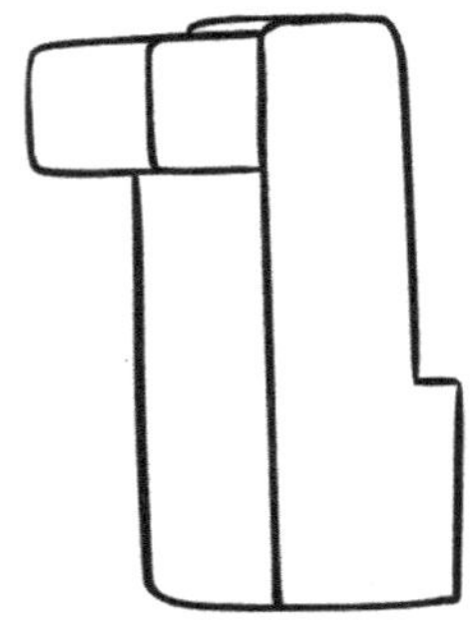

3

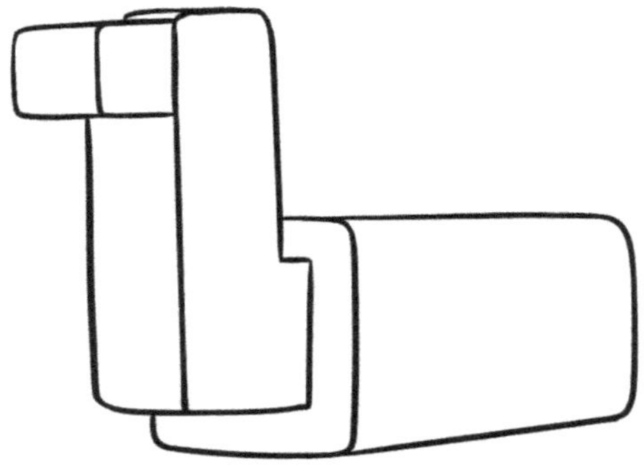

4

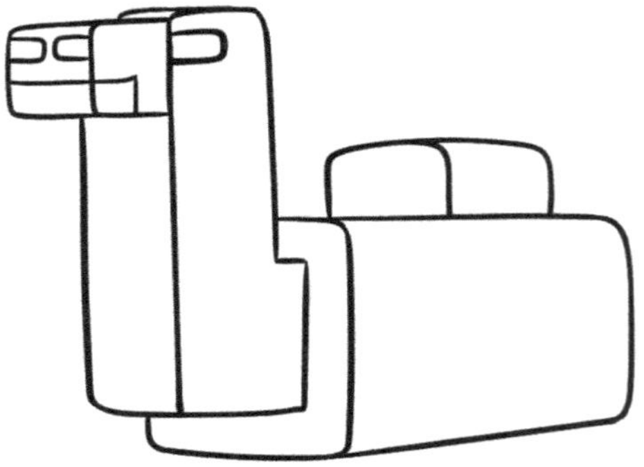

5

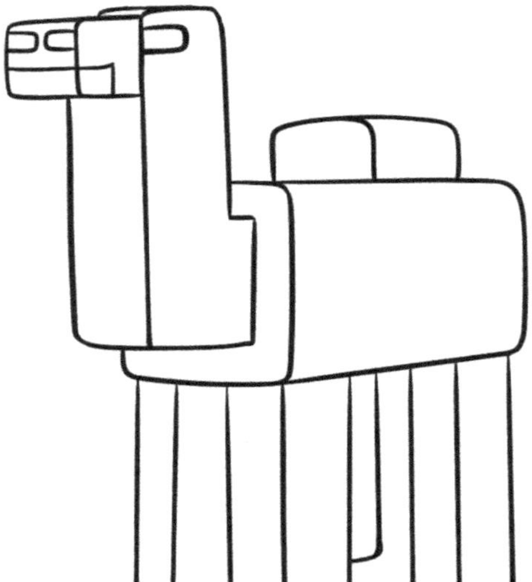

6

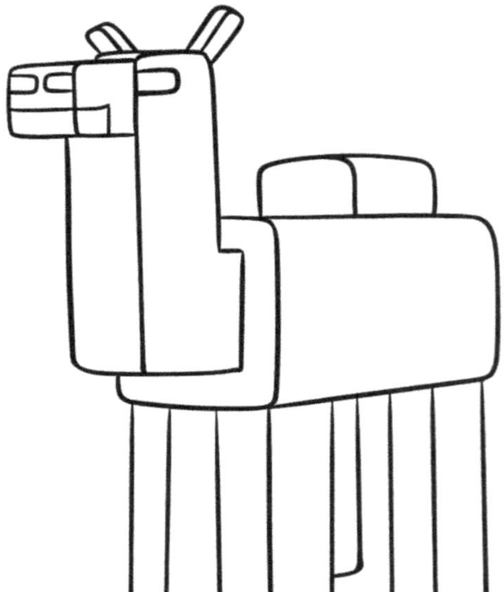

Now, it's your turn

Cat

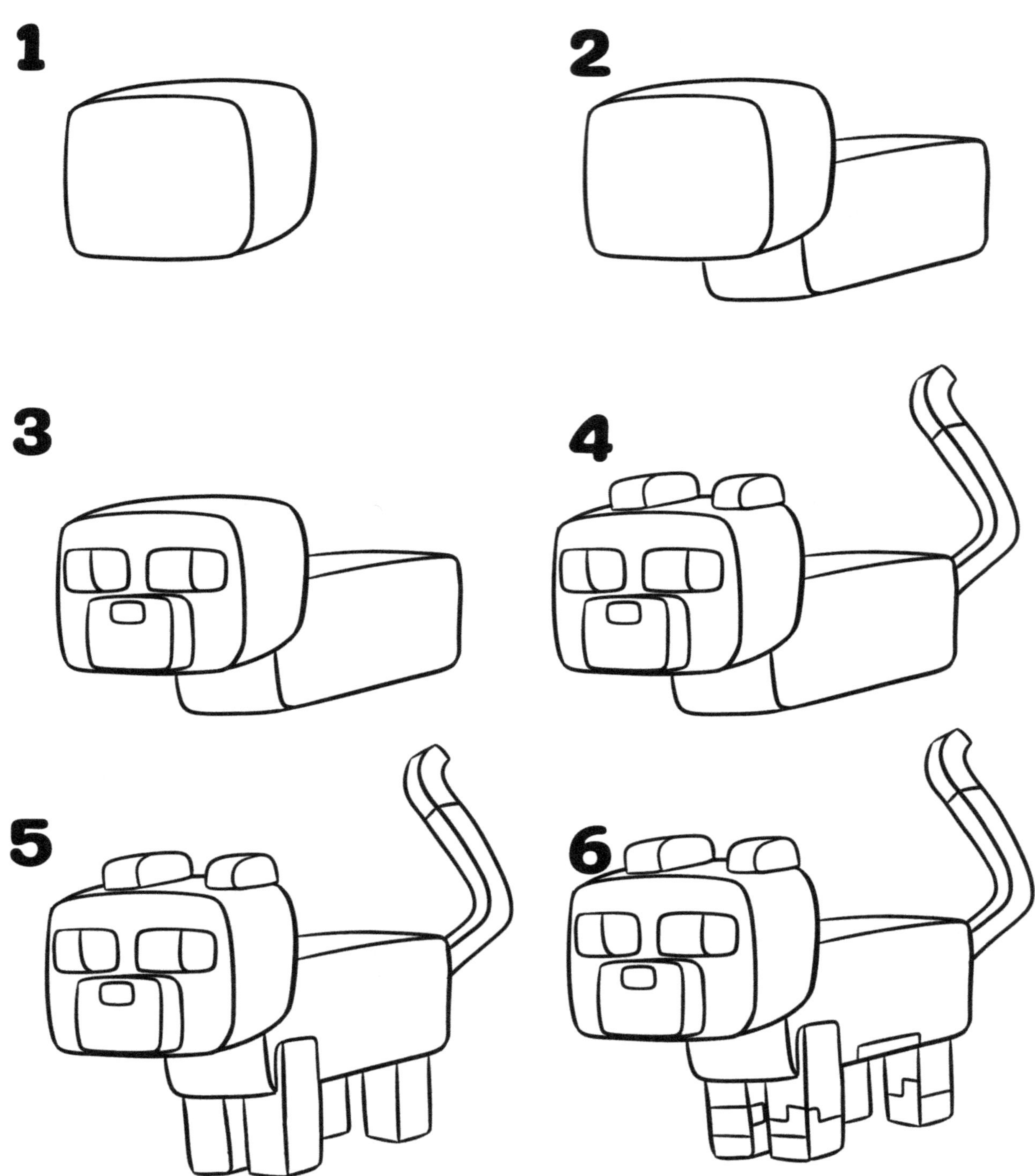

Now, it's your turn

Chicken Jockey

1

2

3

4

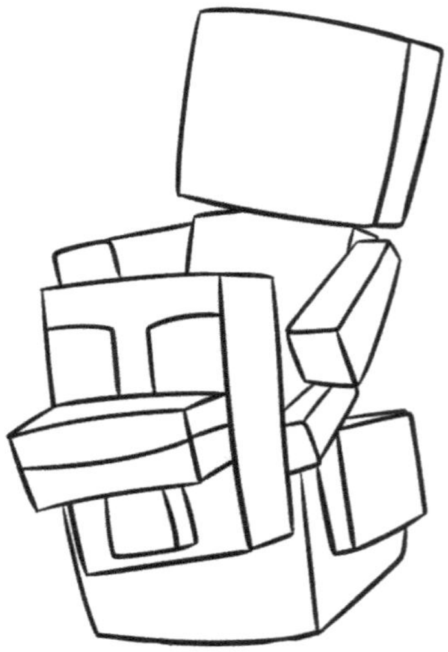

5

6

Now, it's your turn

Copper Golem

1

2

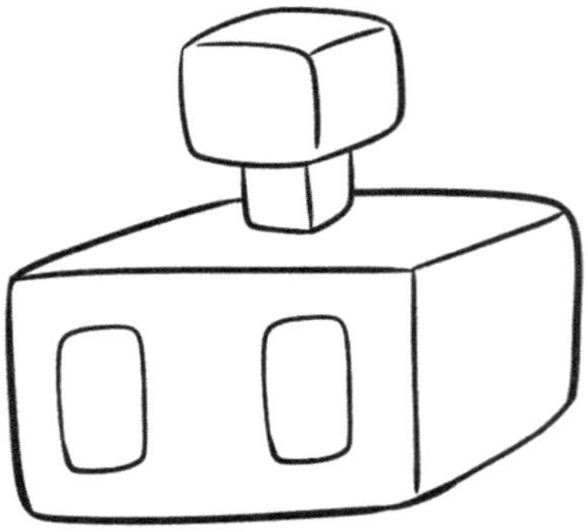

3

4

5

6

Now, it's your turn

Donkey

1

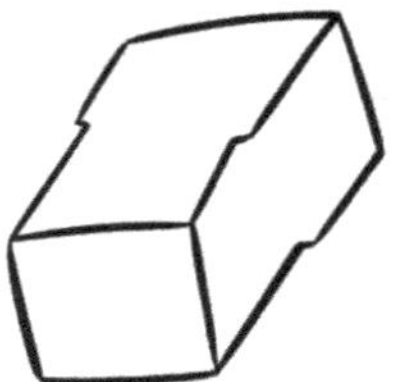

2

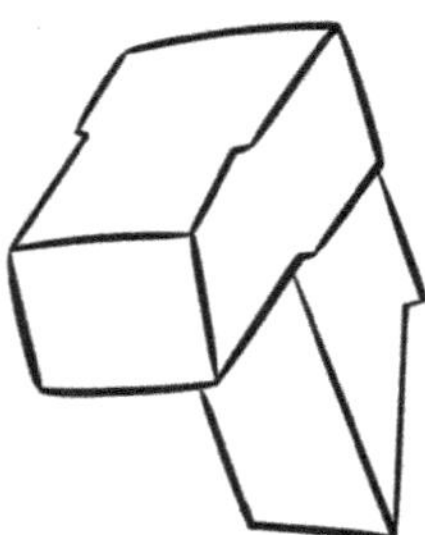

3

4

5

6

Now, it's your turn

Drowned

1 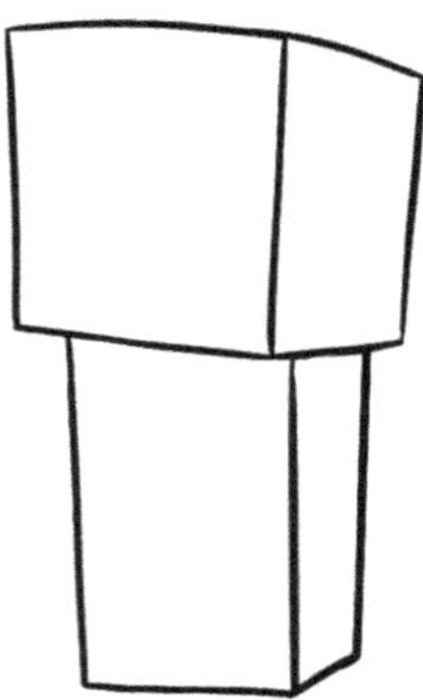

2 

3 

4 

5 

6 

Now, it's your turn

Ender Dragon

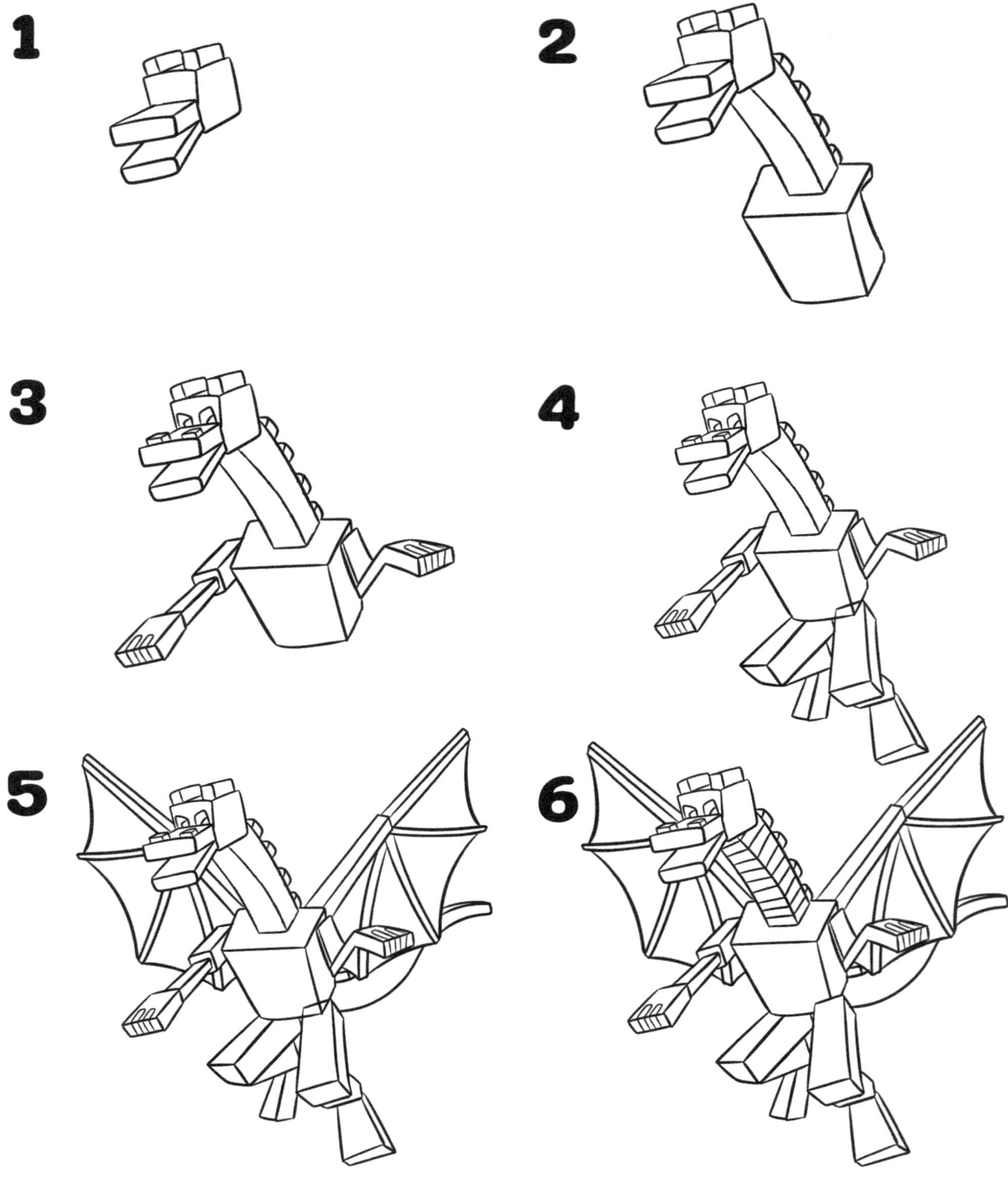

Now, it's your turn

Evoker

1 

2 

3 

4 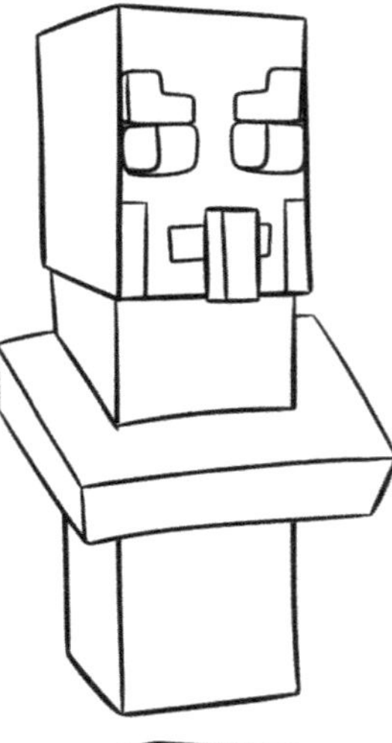

5 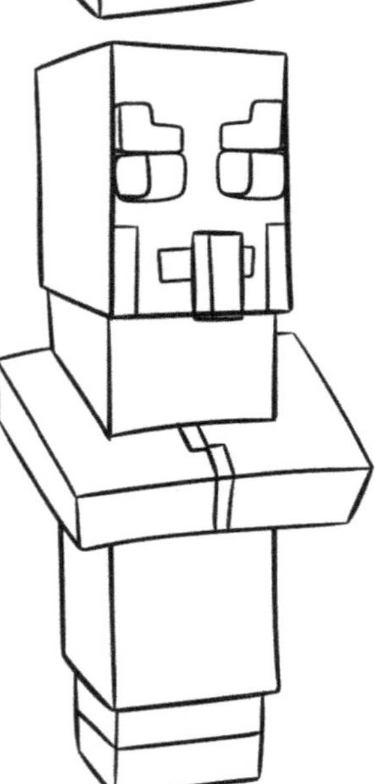

6 

Now, it's your turn

Frog

1

2

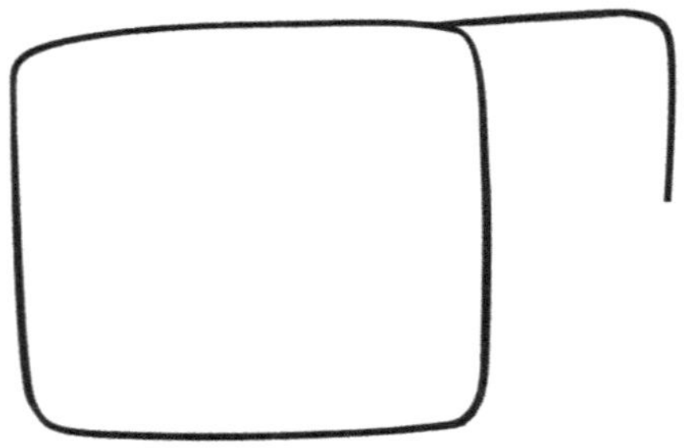

3

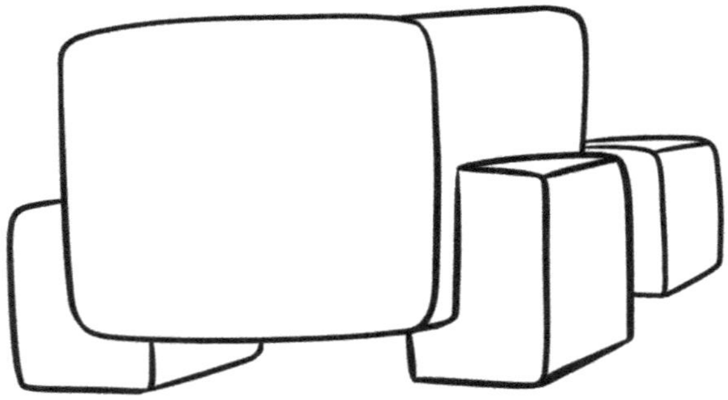

4

5

6

Now, it's your turn

Frosted Iceologer

1

2

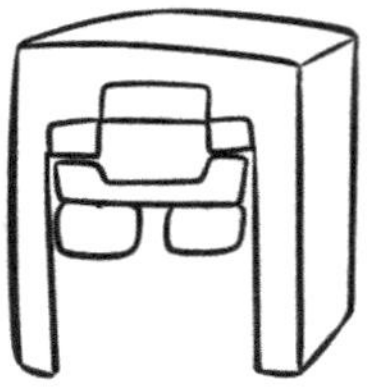

3

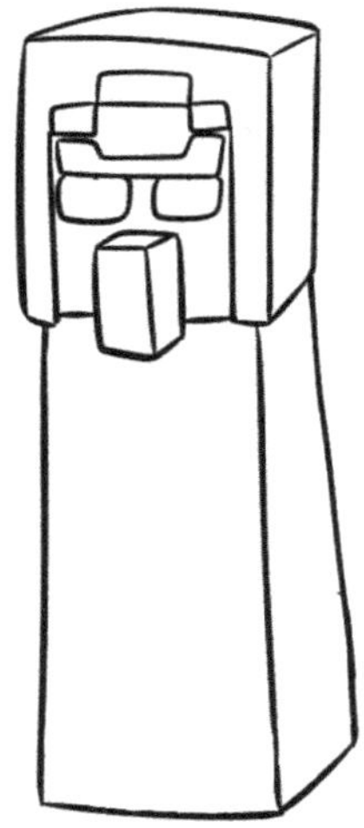

4

5

6

Now, it's your turn

Glare

1

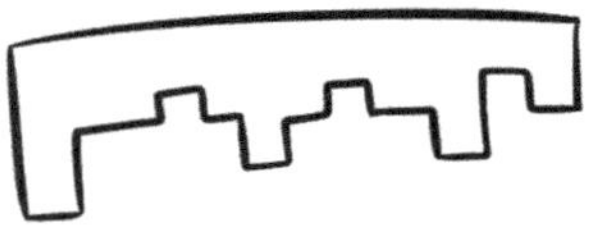

2

3

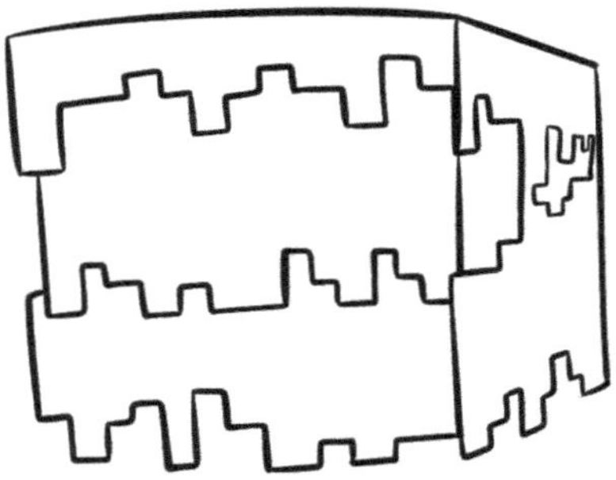

4

5

6

Now, it's your turn

Grindstone Golem

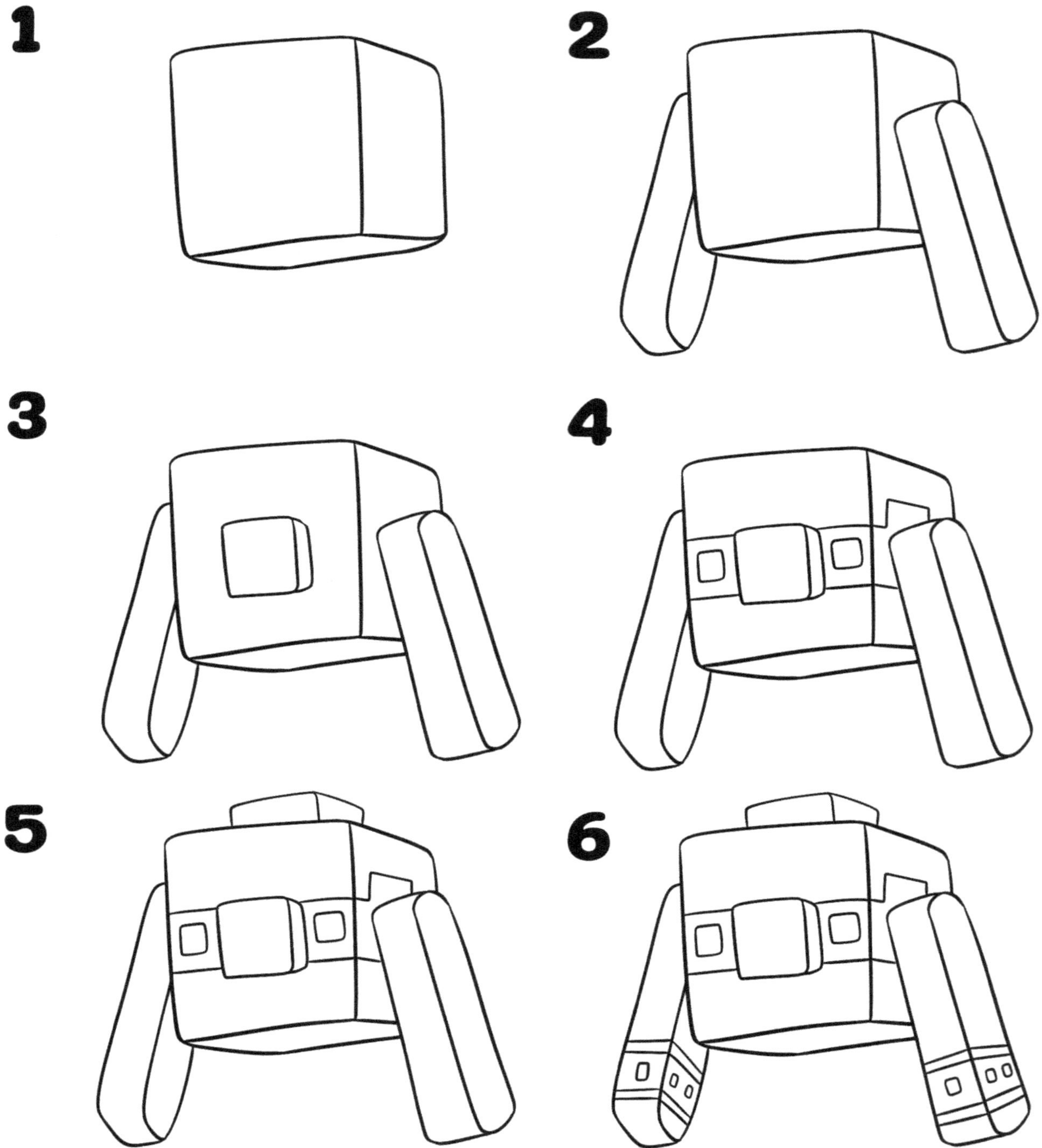

Now, it's your turn

Horse

1

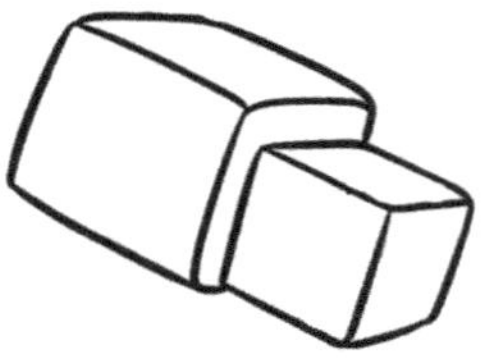

2

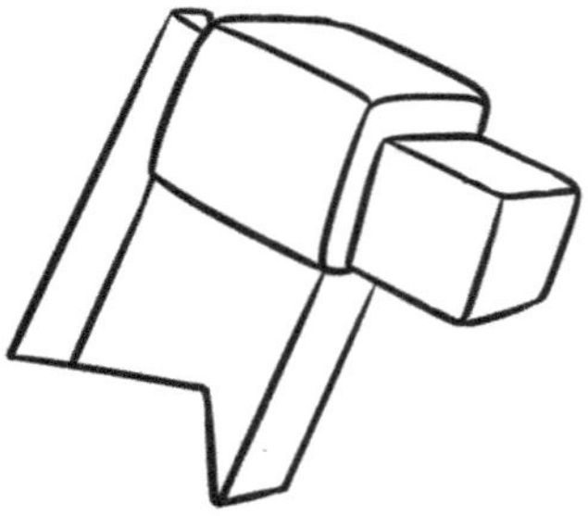

3

4

5

6

Now, it's your turn

Illusioner

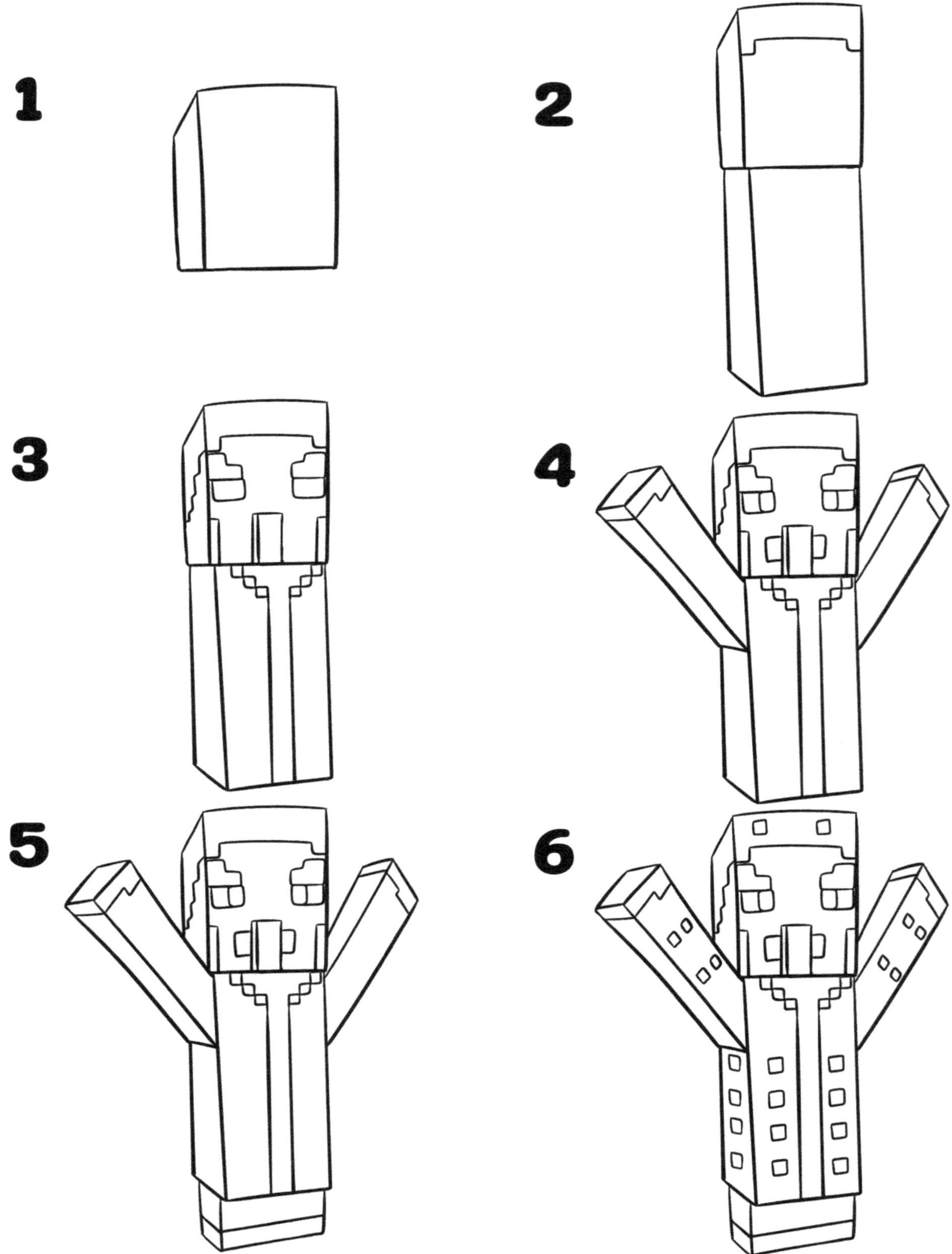

Now, it's your turn

Iron Golem

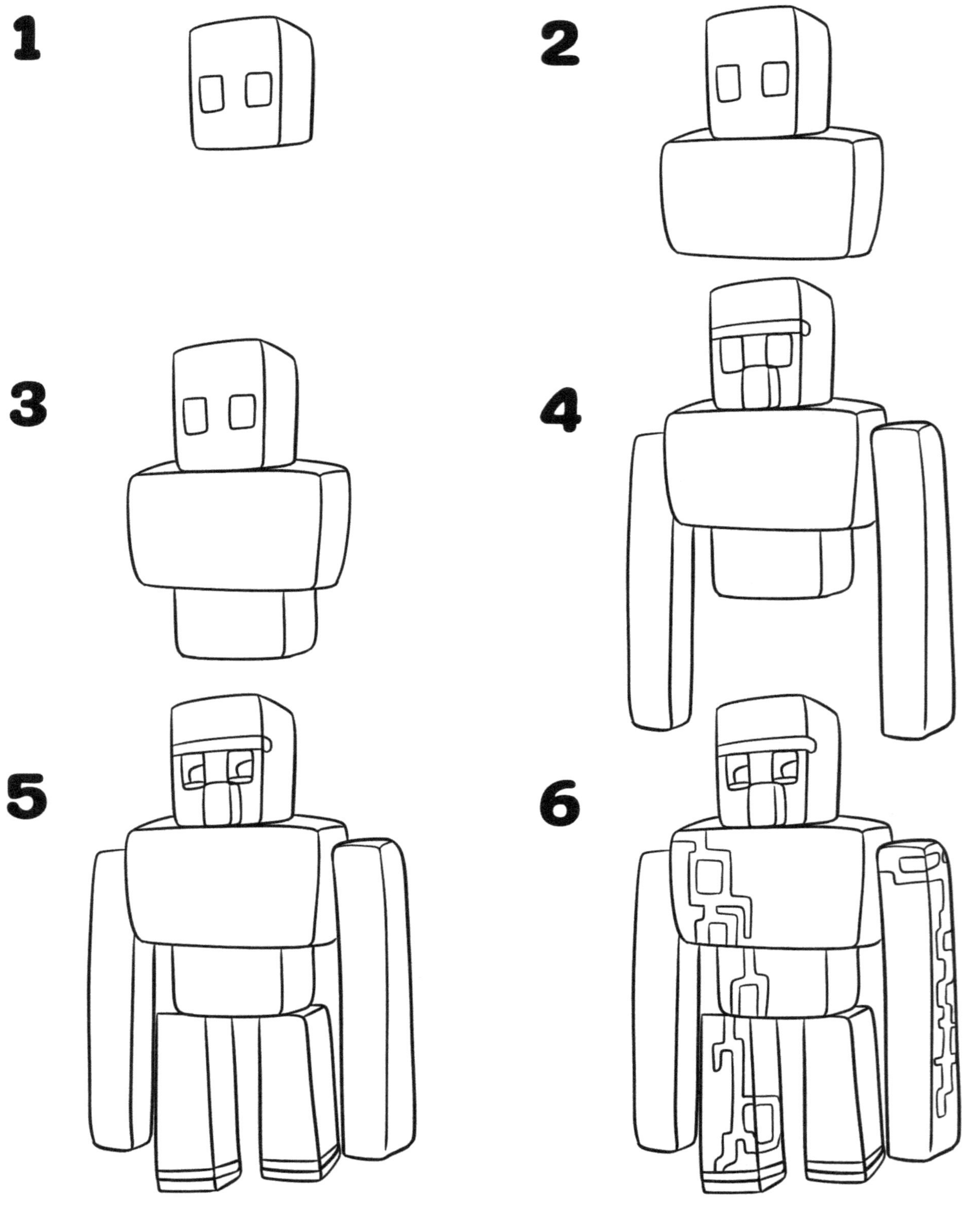

1

2

3

4

5

6

Now, it's your turn

Lava Cat

1 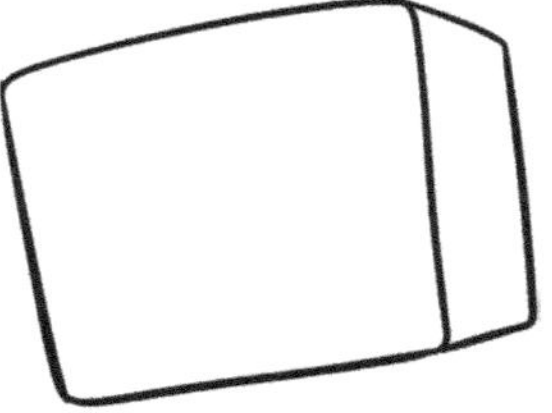

2 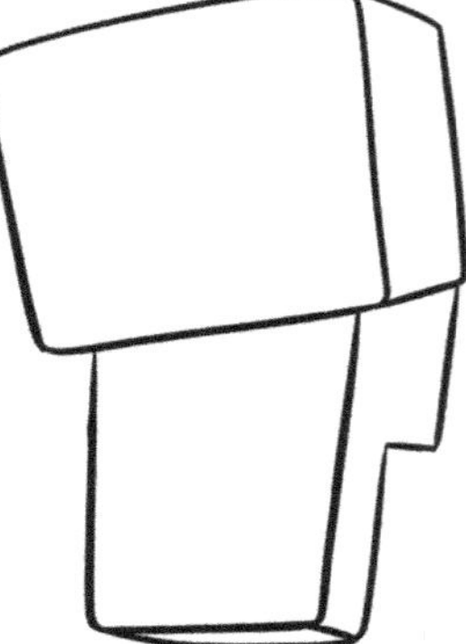

3 

4 

5 

6 

Now, it's your turn

Mule

1

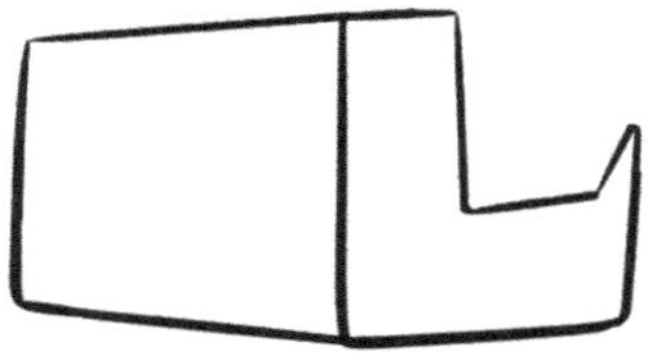

2

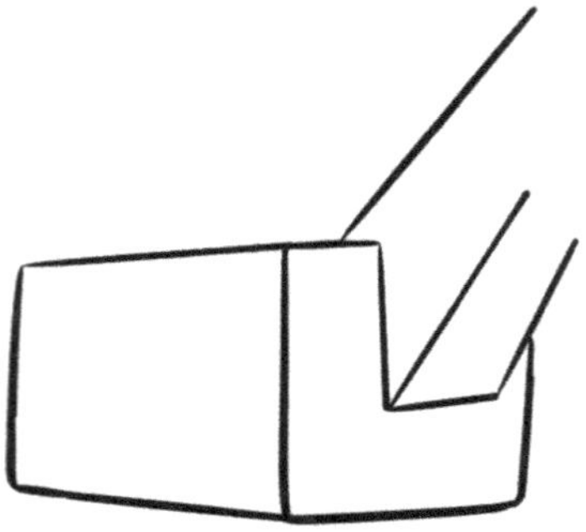

3

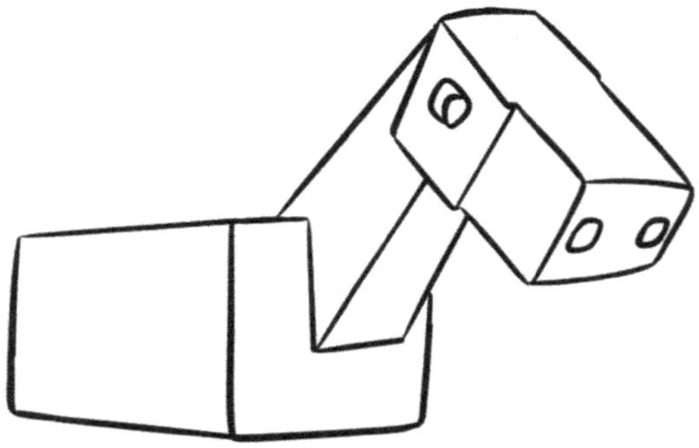

4

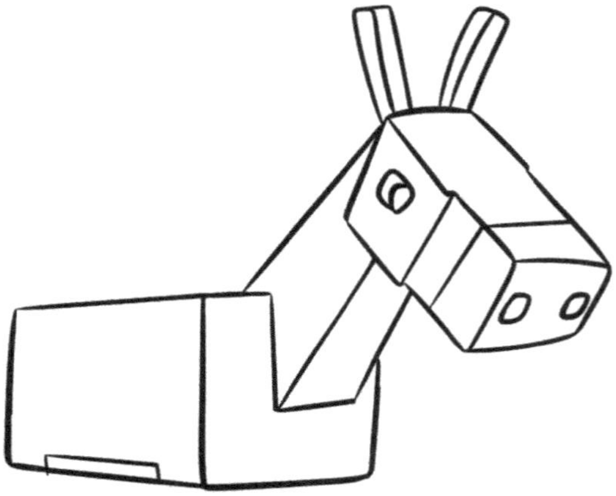

5

6

Now, it's your turn

Ocelot

1

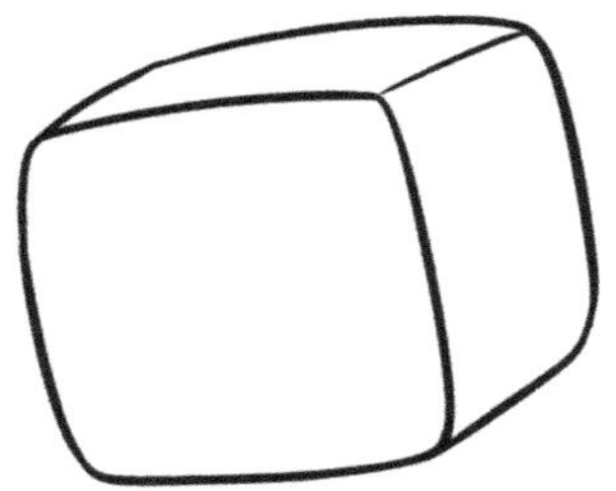

2

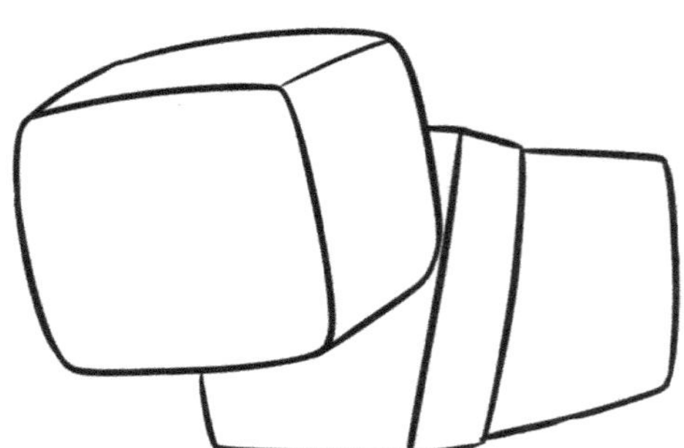

3

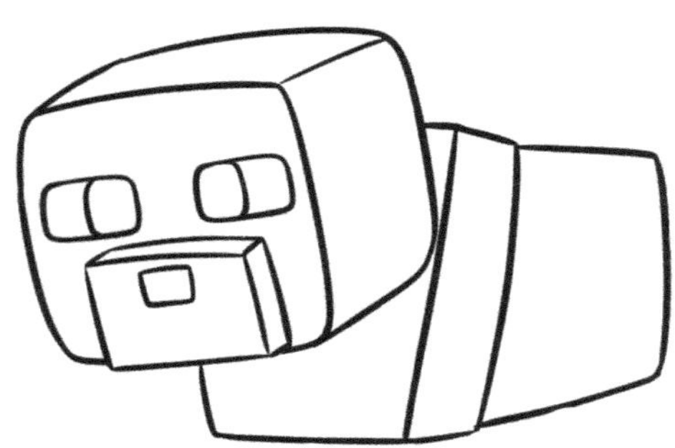

4

5

6

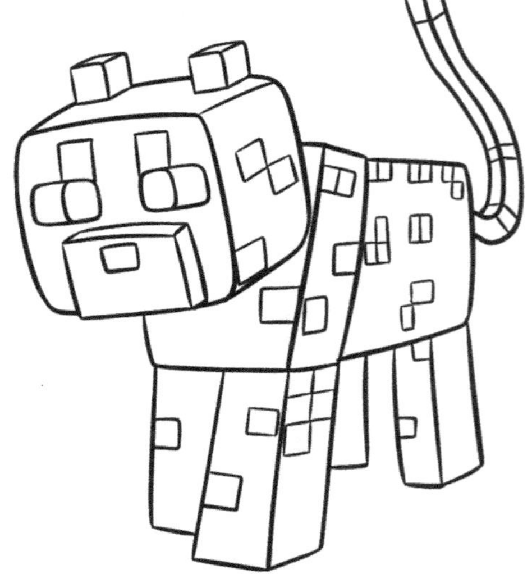

Now, it's your turn

Piglin Brute

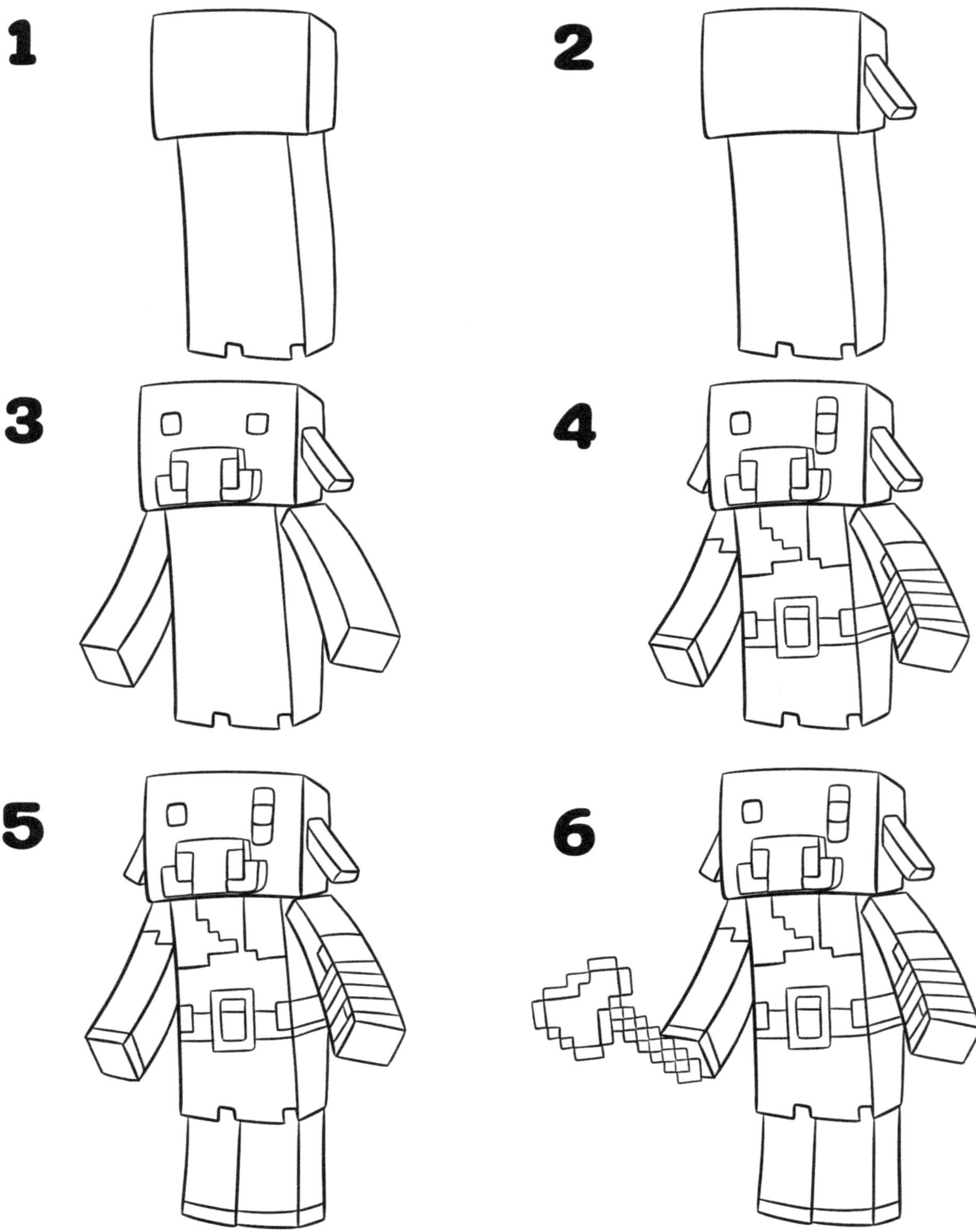

Now, it's your turn

Pillager

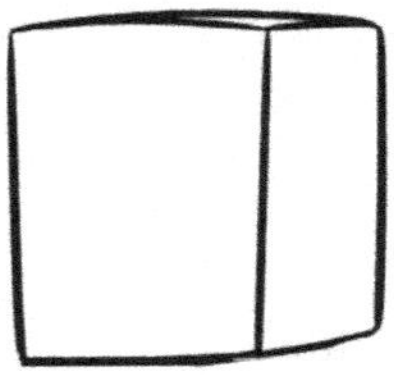

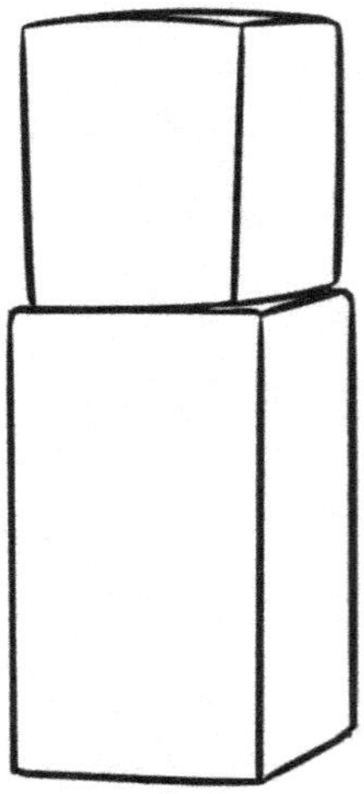

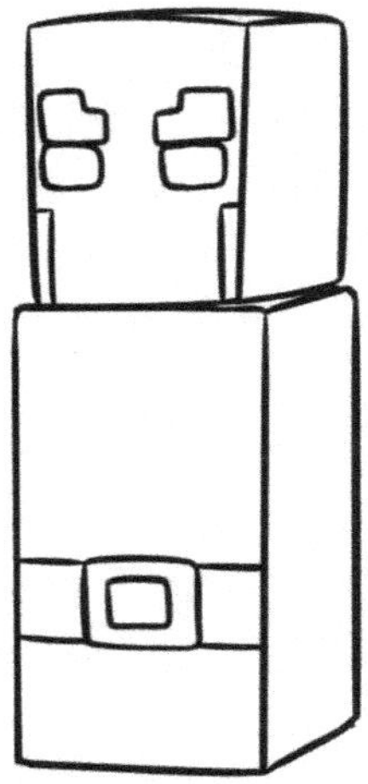

Now, it's your turn

Polar bear

1

2
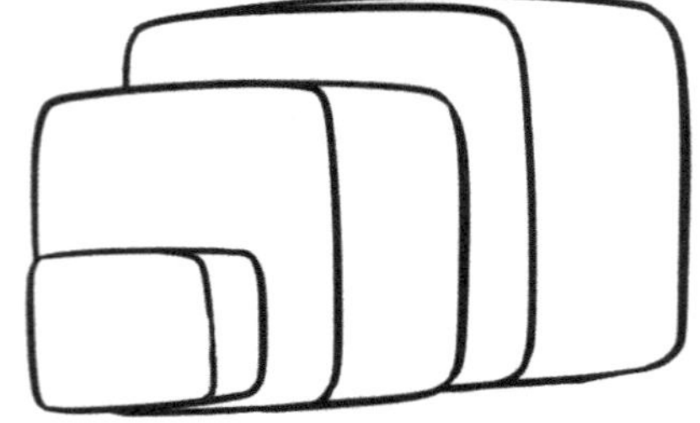

3
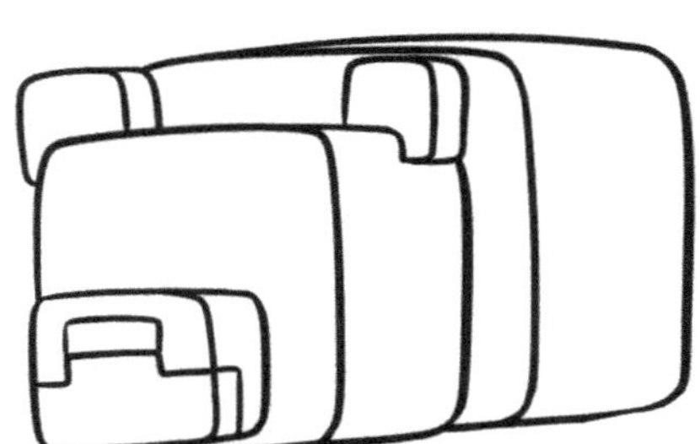
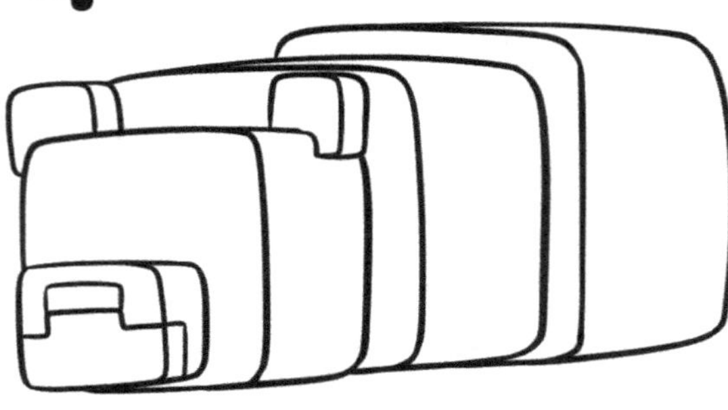

4

5
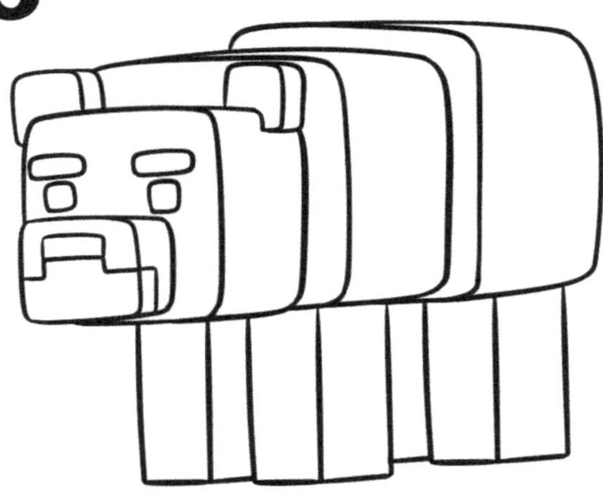

6

Now, it's your turn

Rabbit

1

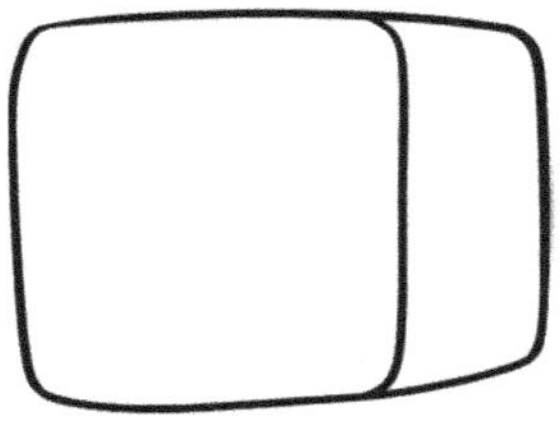

2

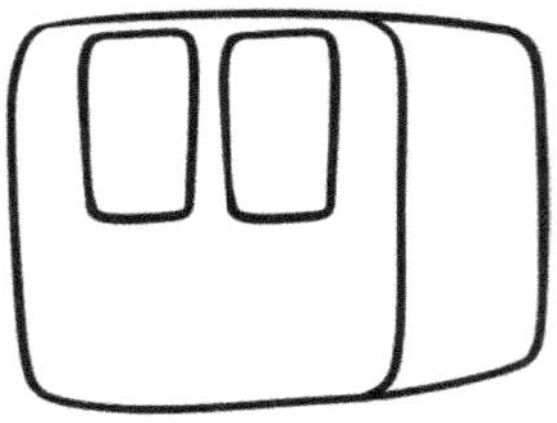

3

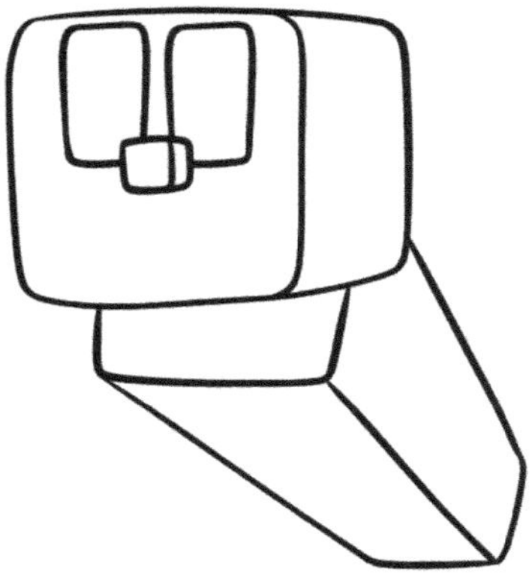

4

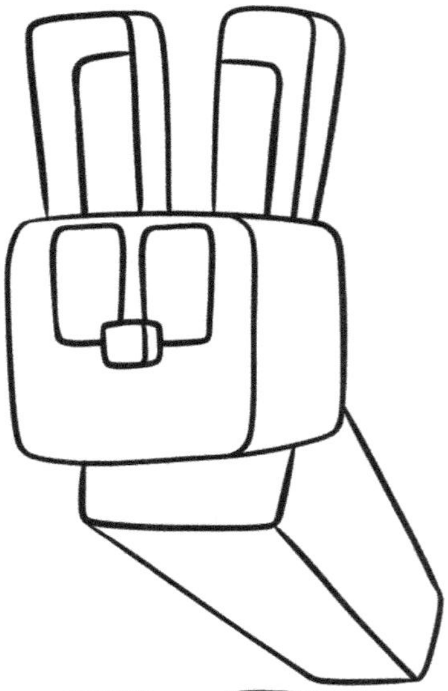

5

6

Now, it's your turn

Ravager

1

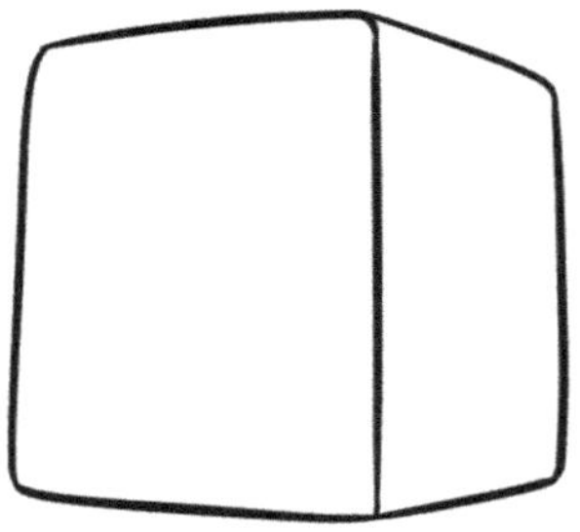

2

3

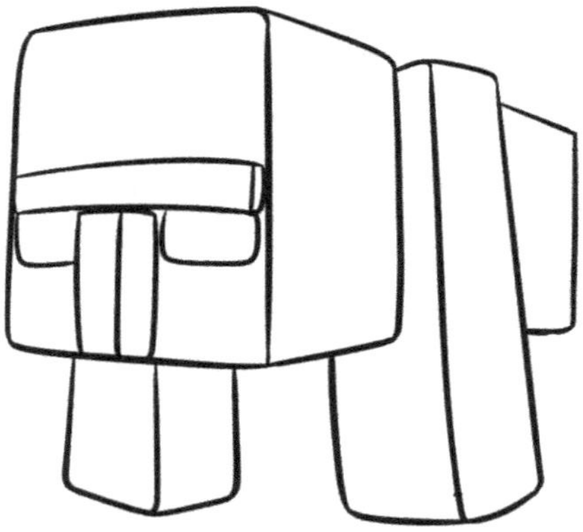

4

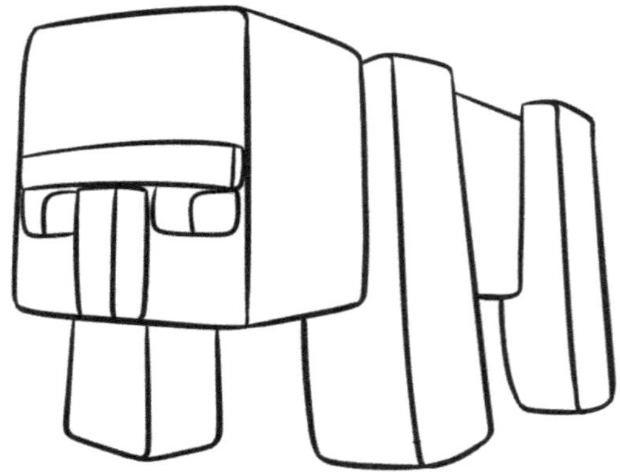

5

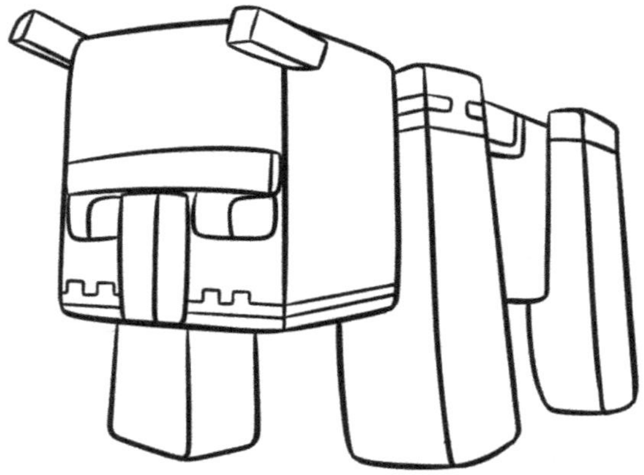

6

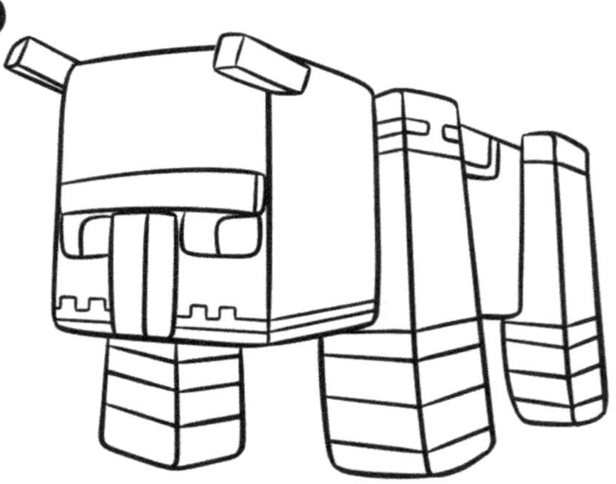

Now, it's your turn

Salmon

1

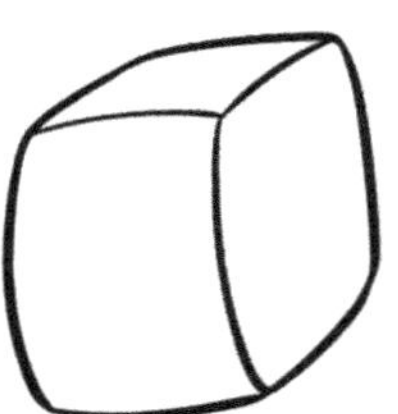

2

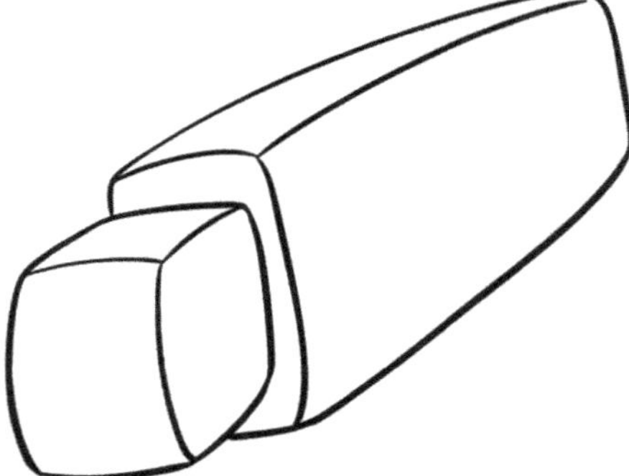

3

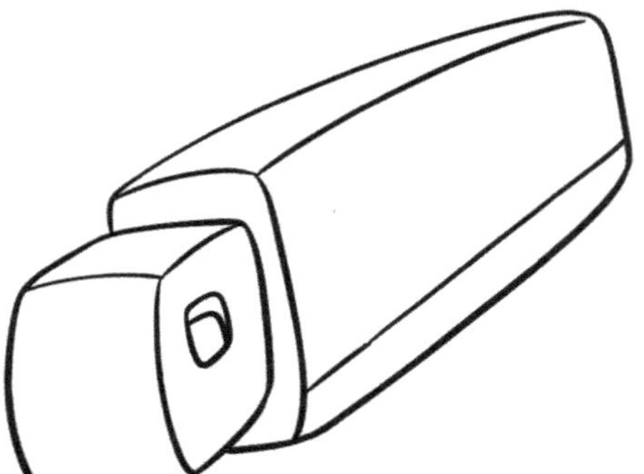

4

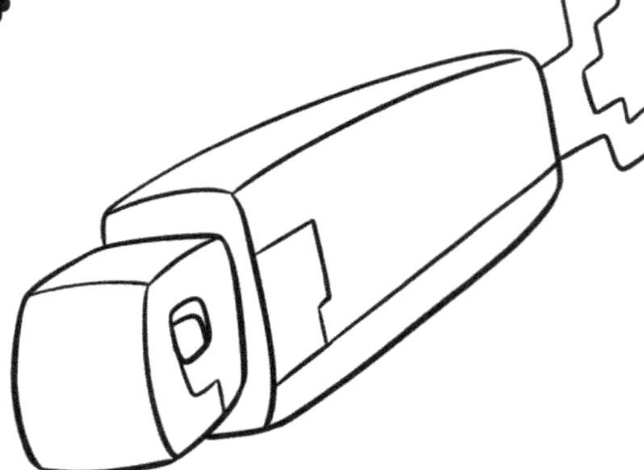

5

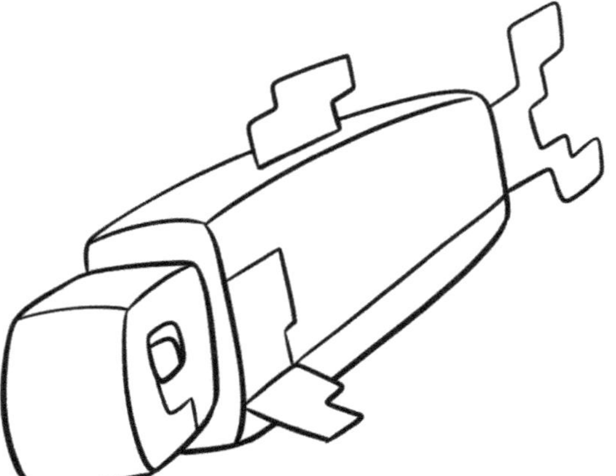

6

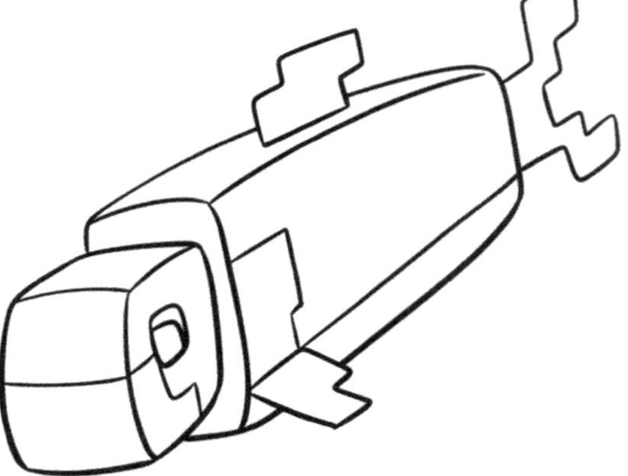

Now, it's your turn

Sea Turtle

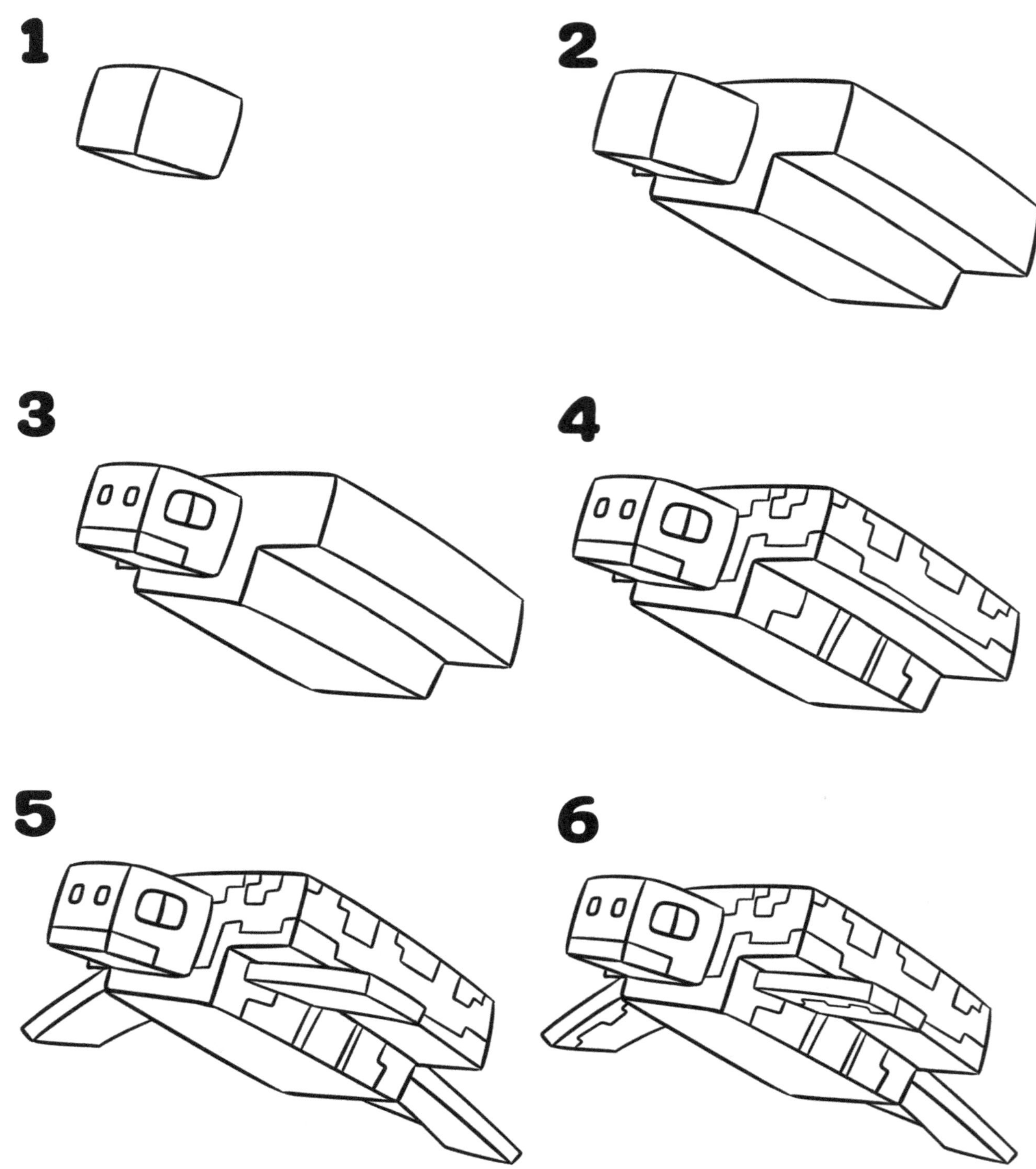

Now, it's your turn

Sniffer

1

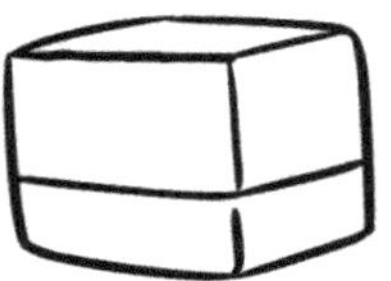

2

3

4

5

6

Now, it's your turn

Stone Golem

1

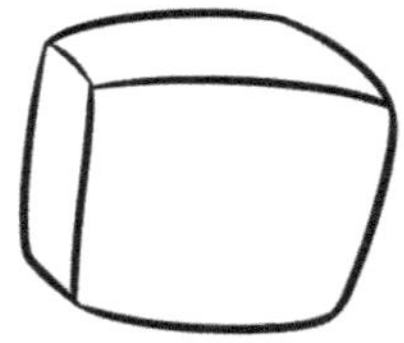

2

3

4

5

6

Now, it's your turn

Tadpole

1

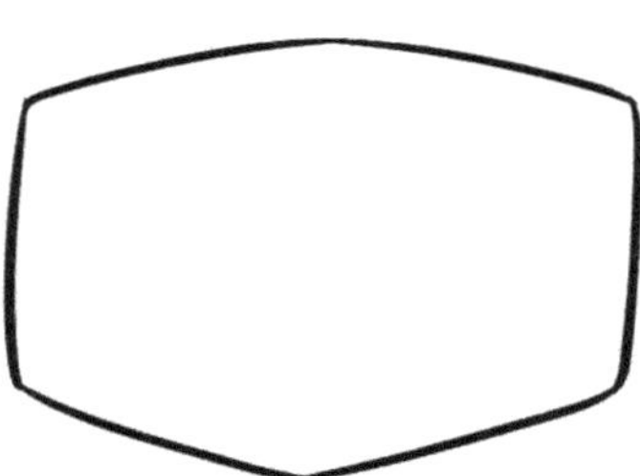

2

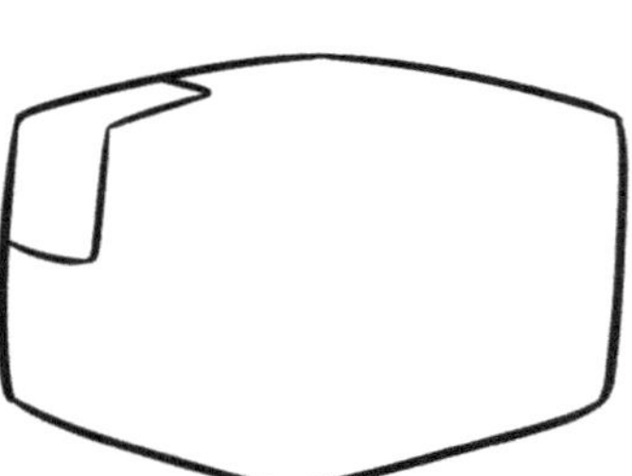

3

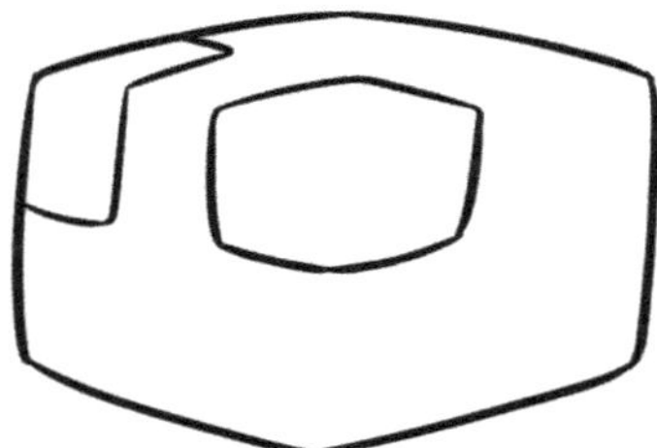

4

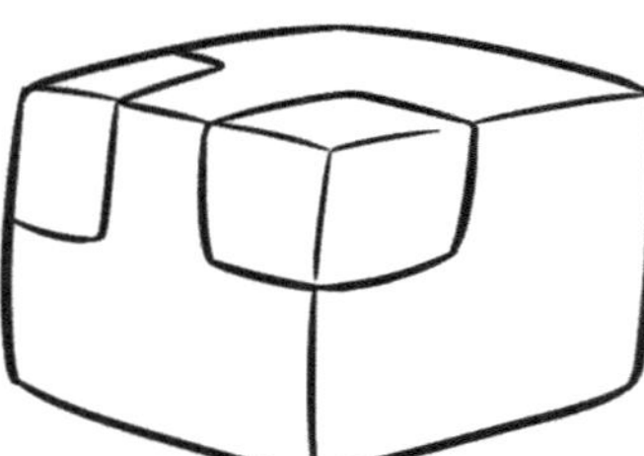

5

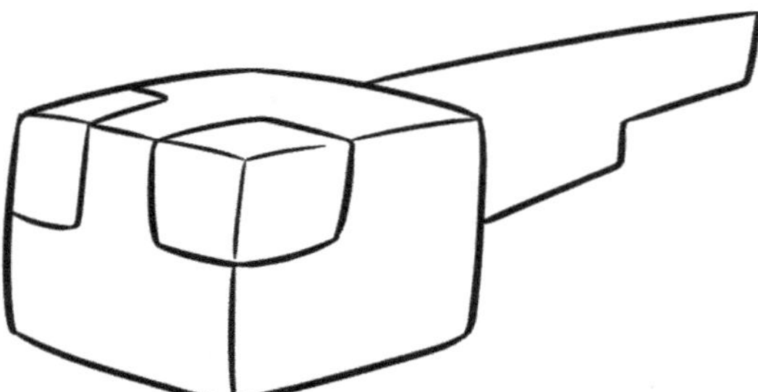

6

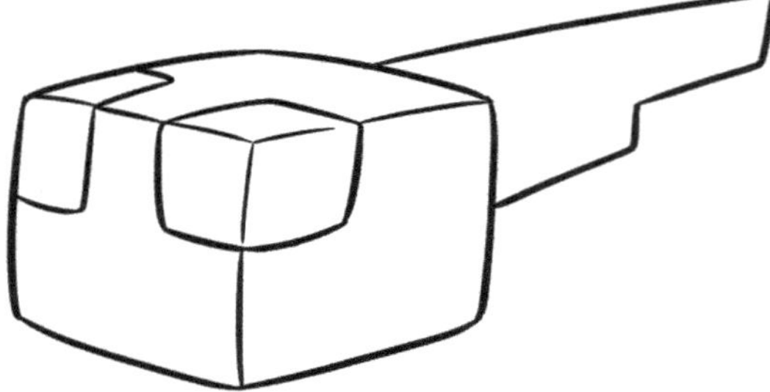

Now, it's your turn

Trader Llama

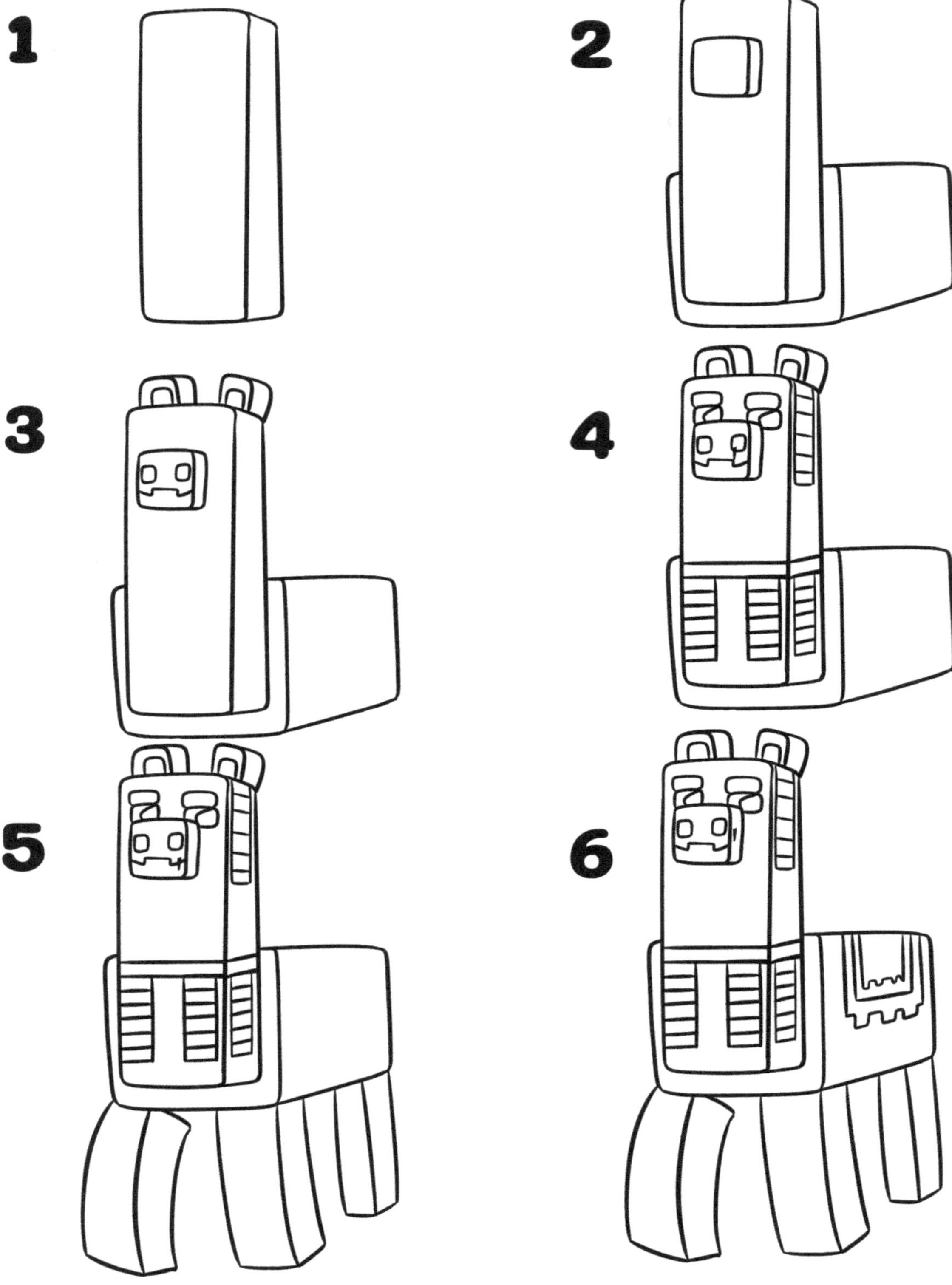

Now, it's your turn

Now, it's your turn

Wandering Trader

1

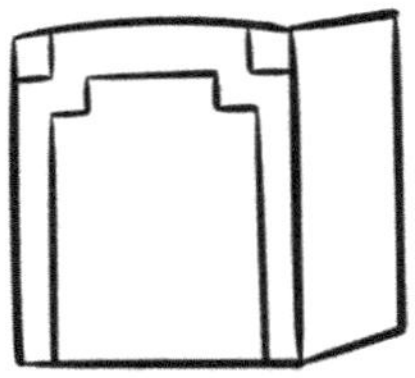

2

3

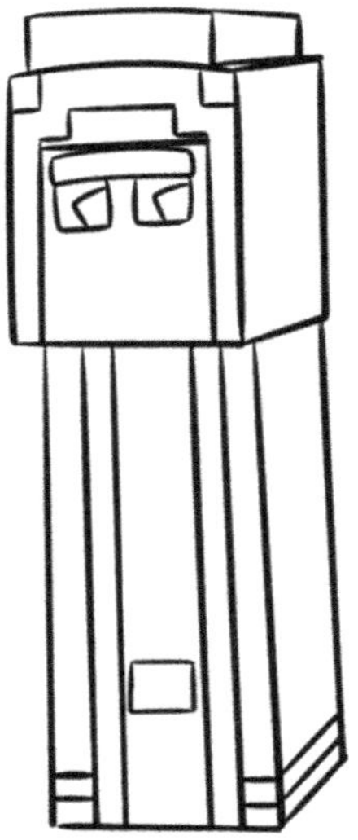

4

5

6

Now, it's your turn

Warden

1

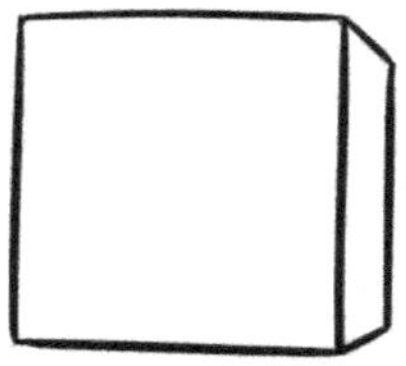

2

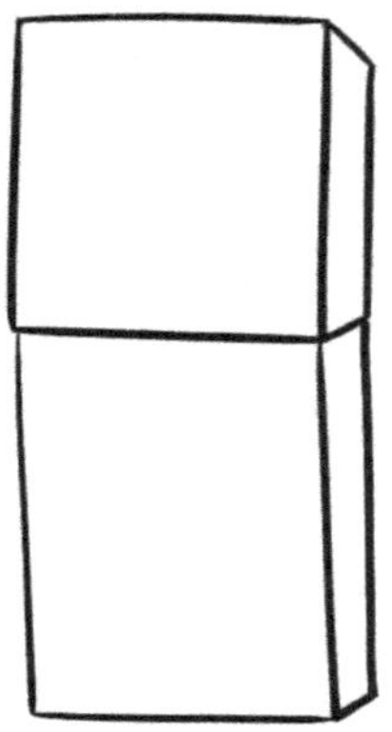

3

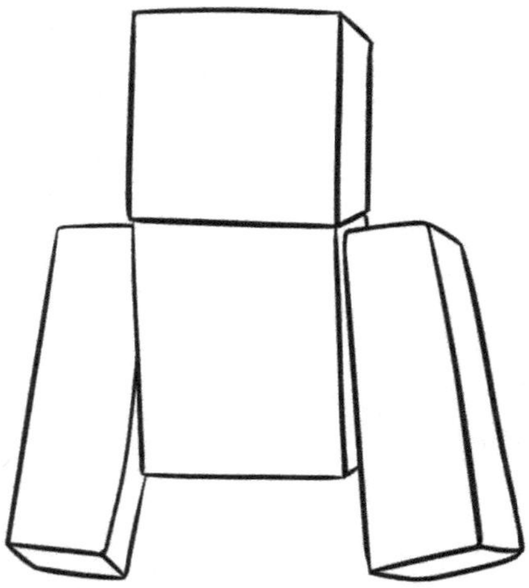

4

5

6

Now, it's your turn

Wither

1

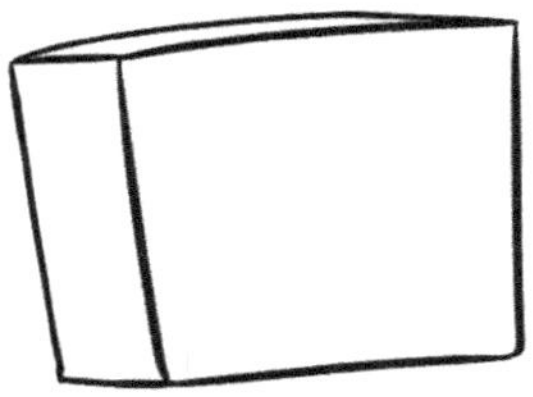

2

3

4

5

6

Now, it's your turn

Wolf

1

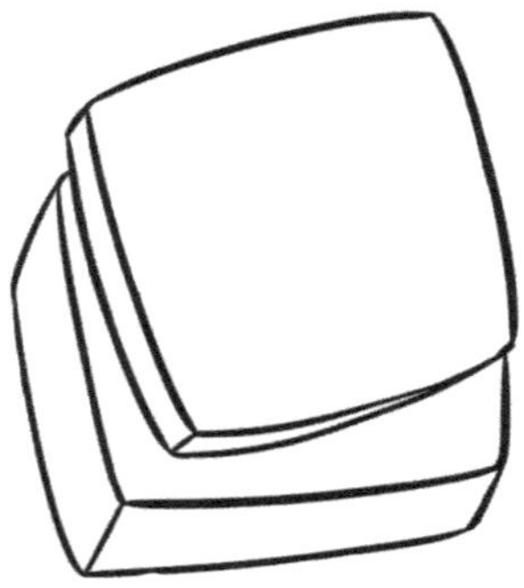

2

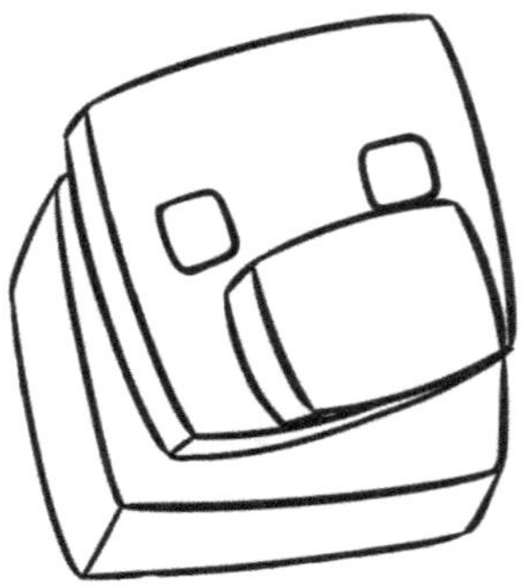

3

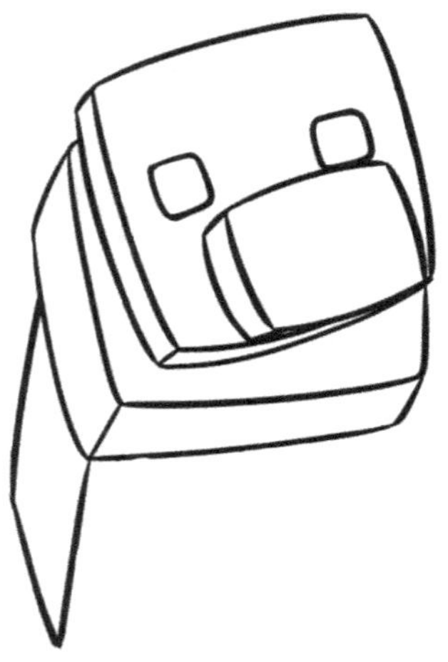

4

5

6

Now, it's your turn

Zoglin

1
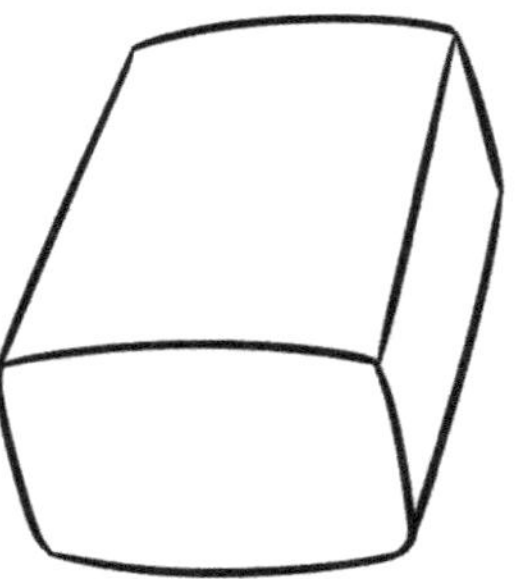

2
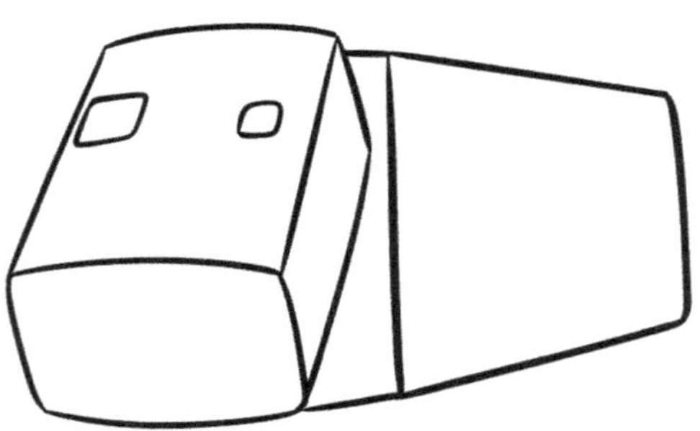

3

4

5

6

Now, it's your turn

Zombie Villager

1

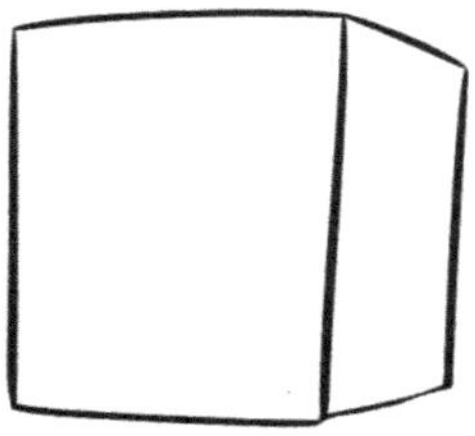

2

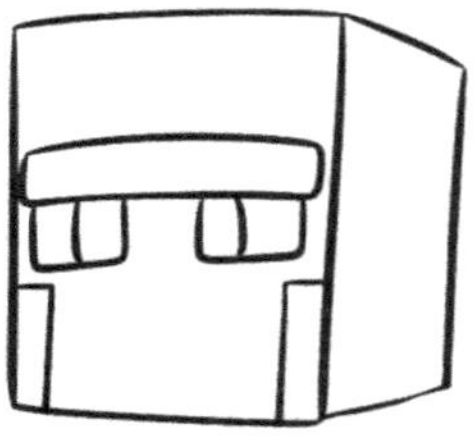

3

4

5

6

Now, it's your turn

Fox

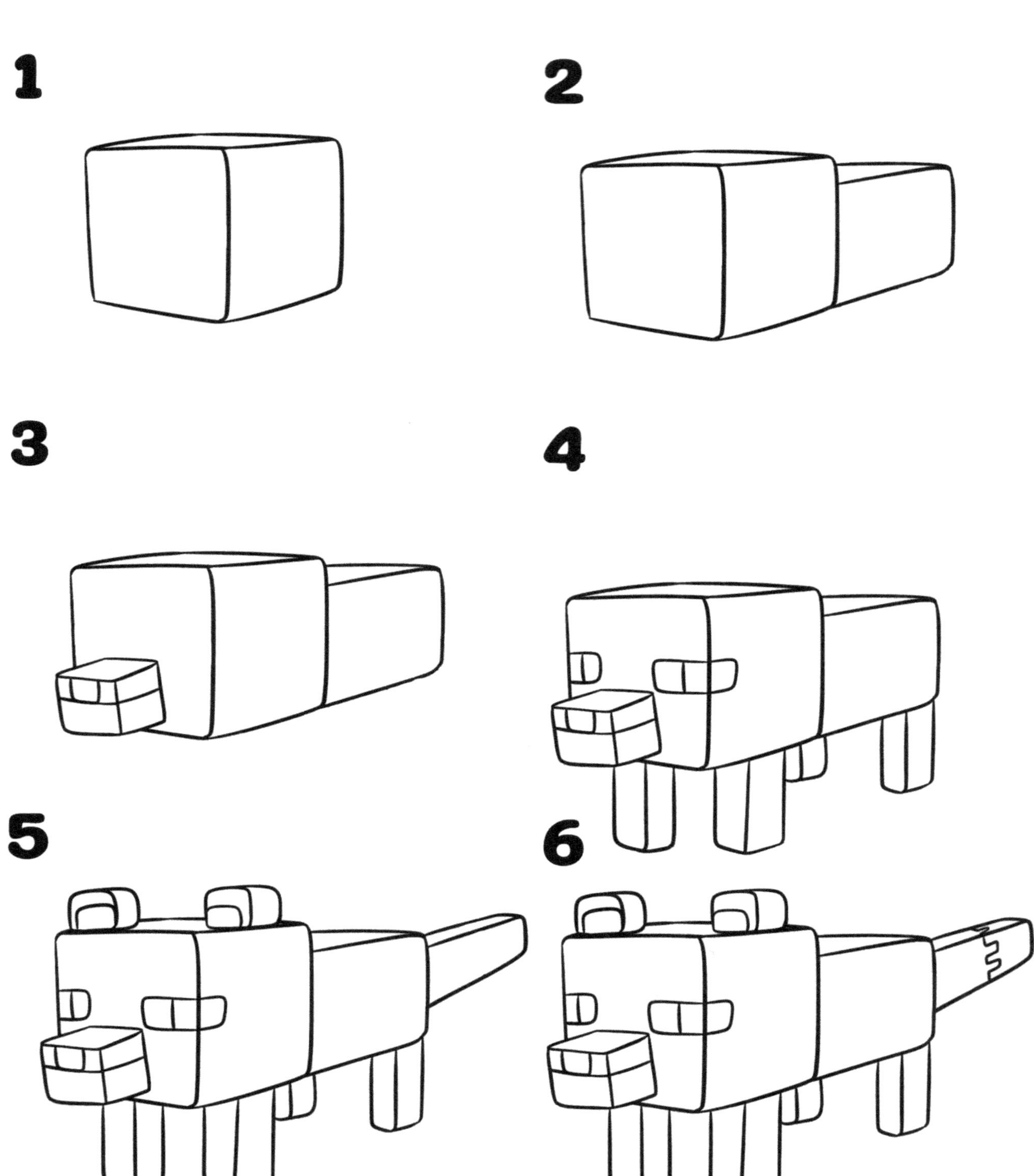

Now, it's your turn

Spider Jockey

1

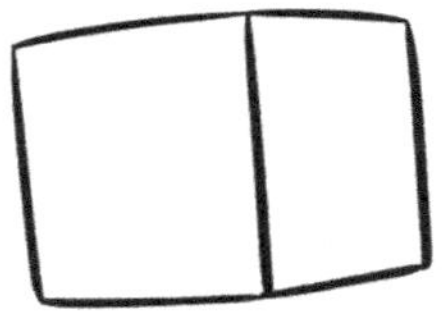

2

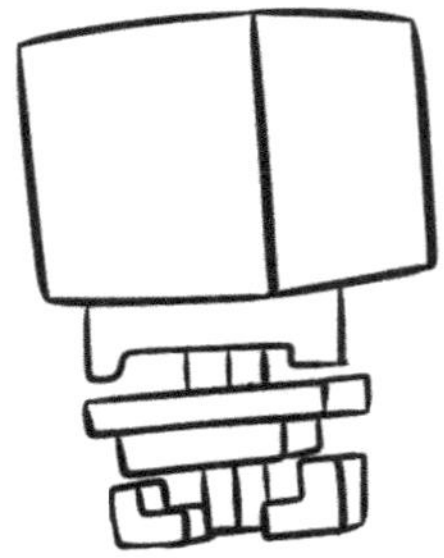

3

4

5

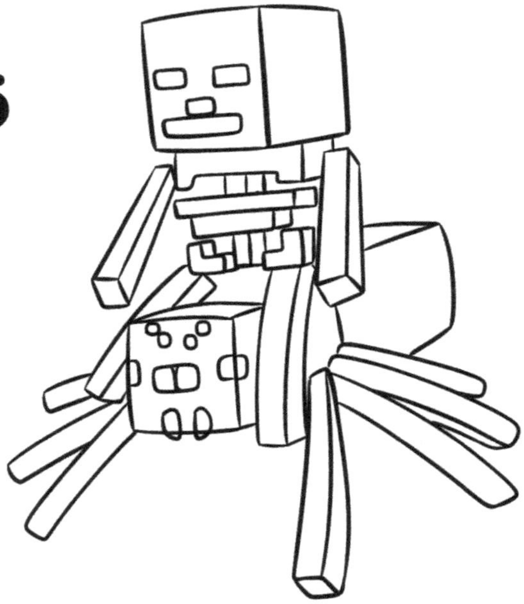

6

Now, it's your turn

DOWNLOAD **50**
FREE COLORING PAGES

Send emails to us
support@cubehunter.net